全国小学生校园美文精品集萃丛书

快乐的种子

《语文报》编写组 编

时代文艺出版社

图书在版编目（CIP）数据

快乐的种子 /《语文报》编写组编．—长春：时代文艺出版社，2018.8（2023.6重印）
（“七色阳光小少年”全国小学生校园美文精品集萃丛书）

ISBN 978-7-5387-5932-7

Ⅰ.①快… Ⅱ.①语… Ⅲ.①作文－小学－选集 Ⅳ.①H194.4

中国版本图书馆CIP数据核字（2018）第135826号

出品人　陈　琛
产品总监　郭力家
责任编辑　曾艳纯
装帧设计　孙　利
排版制作　隋淑凤

快乐的种子

《语文报》编写组 编

出版发行 / 时代文艺出版社
地址 / 长春市福祉大路5788号　龙腾国际大厦A座15层　邮编 / 130118
总编办 / 0431-81629751　发行部 / 0431-81629758
官方微博 / weibo.com / tlapress
印刷 / 北京一鑫印务有限责任公司
开本 / 700mm × 980mm　1 / 16　字数 / 153千字　印张 / 11
版次 / 2018年8月第1版　印次 / 2023年6月第5次印刷　定价 / 34.80元

图书如有印装错误　请寄回印厂调换

编 委 会

主　　编：刘应伦

编　　委：刘应伦　赵　静　李音霞

郭　斐　刘瑞霞　王素红

金星闪　周　起　华晓隽

何发祥　朱晓东　陈　颖

段岩霞　刘学强

本册主编：马漢寒　李　政

副 主 编：马巧丽　杜会平

目录

心中自有花满园

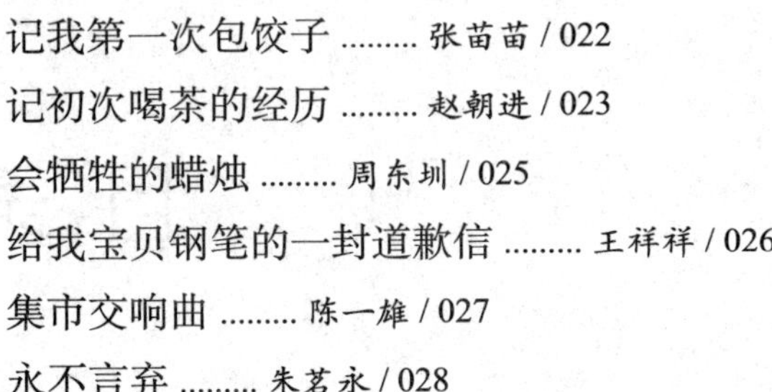

爸爸，我想当一天树

放风筝

地球妈妈的忠告

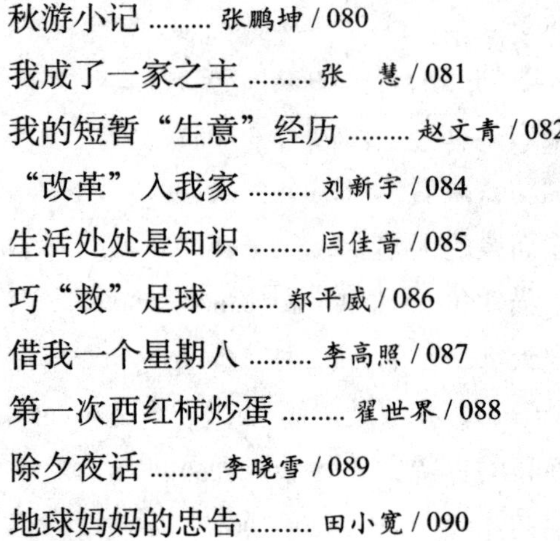

花开满园

坚持就是胜利

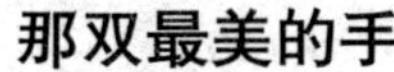

那双最美的手

心中自有花满园

我喜欢去花园，看那百花各有特色，却都一样美丽，点亮了整个花园。在我的心里，也有一座花园，花园里充满爱与温暖，给我以自信和激励。

心灵的花园

申荣强

每个人的内心都有一个花园，在那里亲人们用各自的爱和关怀培植各色鲜花，让心灵百花盛开，光彩夺目。

美丽又勤劳的“康乃馨”

这朵康乃馨代表的当然是我那勤劳的妈妈。在我上学的时候，妈妈每天早上六点就起来了，给我做饭。等我起床穿好衣服时，家里已经被妈妈收拾得干干净净的。虽然皱纹已经过早地爬上了她的脸上来，可是在我看来康乃馨永远是最漂亮的。

辛勤的向日葵

向日葵向着太阳，就说明了它想要一个和平的世界，我的爸爸也是如此。我的爸爸是一名警察，他的任务就是抓住那些小偷，保护他人的安全。另外，他还是我们家的司机，有一次在他送我的时候，我给他讲了一个笑话，就把他逗得哈哈大笑。他的笑声，我永远也忘不了。

百依百顺的牵牛花

奶奶就是一朵牵牛花。

有一次，学校要做手工。我请奶奶帮忙，奶奶露出了笑容说："没问题，明天一定给你做好！"我说："好！"我吃过晚饭就去睡觉了，到了深夜，我起来上厕所时，看到了对我百依百顺的奶奶还在为我做手工。

第二天，我去了学校，我带去的手工被老师评为了一等奖，这可都是奶奶的功劳啊!

美丽又勤劳的"康乃馨"，辛勤的向日葵，百依百顺的牵牛花，我会永远深深地爱着你们。

这座花园里有各种各样的花，但是这几朵花，我永远不会忘记。因为这几朵花，代表了我的爸爸，妈妈，爷爷，奶奶。

心中自有花满园

孟宪聪

我喜欢去花园，看那百花各有特色，却都一样美丽，点亮了整个花园。在我的心里，也有一座花园，花园里充满爱与温暖，给我以自信和激励。

点燃我自信的向日葵

有一次我参加了一个活动，可是我不敢上台表演节目。我很紧张，心想：要是搞砸了怎么办？要是忘了怎么办？要是跟不上节奏怎么办？忽然妈妈走过来对我说："你一定可以的，妈妈相信你！"我点点头，自信满满地走上了舞台。

给我鼓励的康乃馨

有一次我参加了一场接力赛，可我很紧张，心想：如果摔倒了怎么办？如果跑不动了怎么办？爸爸拍拍我的肩膀对我说："只要你勇敢地向着目标，就一定会胜利的，爸爸相信你。"正是这句话鼓舞着我跑完了全程。

激励我成长的梅花

在一个冬天，姑姑带我去游乐场滑冰，我开心极了。可在顶峰往下滑的时候，我一看到这个高度就怕的不得了，姑姑温柔地对我说："只要你从这滑下去，姑姑给你奖励，相信你可以的。"在姑姑的激励下，我顺利地学会了滑冰。

我的心中有一座亲情的花园，它们给了我自信，给我鼓励，每一朵鲜花都代表着每一个人对我的关爱。

那个温柔的人

王　石

刘老师长着一头乌黑浓密的长发，一对大眼睛忽闪忽闪的，一个微微翘起的鼻子，一张樱桃小嘴里有两排整齐洁白的牙齿。没有什么特殊的，可是你仔细看的话，她的眼睛还会说话呢！

上课的时候，我起来回答问题总是声音很小，她就用慈祥的眼光看着我，好像在说："声音再大一点儿。"

有一次，我们在玩捉迷藏的时候，刘老师数数，我们藏。"1，2，3……"等刘老师数完的时候，楼道里已经鸦雀无声。有一个人藏到一个很明显的地方，老师很快就看到了他，她只用明亮的眼睛看着他，好像在说："哈哈，终于找到你了。"那个同学就乖乖出来了。

刘老师还教我们弹古筝。我每次去古筝教室学古筝，刘老师都早就到了，她一笑，眼如月牙，好像在说："欢迎你们的到来。"我说："我来了。"她笑着对我说："来，我给你把假指甲戴上。"她微笑着给我戴指甲，我心里一下子感觉无比温暖。我弹学过的每一首曲子，弹错了，老师也不生气，而是认真地纠正我的错误，新学曲子的时候，她也带着我一小段、一小段地弹。

我眼中的刘老师是慈祥的，温柔的，她的眼睛是会说话的，你喜欢吗？

我眼中的爸爸

党敬波

我眼中的爸爸是什么样子？他的头发黑亮黑亮的，明亮的眼睛总是闪闪发光地看着我，牙齿白而发亮闪着光芒，眉毛总是弯弯的像月牙一样。不知为什么，他每天都爱穿黑色的衣服，看上去真滑稽。

还有最重要的一点，他是那个让我哭笑不得的人，是我最亲爱的人。

每次我们一家三口玩捉迷藏，他都能让我们全家笑起来。有一次爸爸找了好长时间，就是没找到我们，爸爸说："可能藏在钱包里了？"他找了找，没有，又找了找抽屉里，没有……这时，妈妈总能发出一阵笑声，爸爸就顺着笑声找到了妈妈。爸爸问："你见儿子了吗？"妈妈笑而不语，爸爸围着妈妈转来转去，我藏在妈妈身后也随着转来转去。爸爸这时突然改变方向转了，他"啪"的一下抓住了我说："哈哈，抓住你啦！"

我的爸爸是一个让我们全家开心的爸爸。

我和爷爷开了个玩笑

陈东辉

小时候，听妈妈说，我虽然是个男孩子，但心灵手巧，很多女孩子不会的手艺，我都能学会。比如——编辫子。不过，我那时候仍然有男孩子的淘气，学会编辫子之后见什么就编什么，帽子上的假发、家里的门帘，甚至有一次，我还和爷爷开了个玩笑，连爷爷的胡子，也没逃出我的手掌。

那天晚上，我们全家都在院子里乘凉，爷爷舒舒服服地躺在凉椅上睡着了，还打着响亮的鼾。我却嫌天太热，睡不着。于是不安分地动起“坏心眼”：给爷爷编胡子!

刚好家里其他人都进屋看电视了，好机会！我兴高采烈地拿出妈妈平时给我梳头的小梳子，试着慢慢先把爷爷的胡子梳通，哈哈，爷爷竟然没醒，于是我就专心致志地编了起来。

我先把爷爷的胡子分成三撮儿，把每一撮儿又分成三股，然后你压它，我压你地编好了一绺儿，我还偷偷拿来了妈妈扎头的皮筋，把胡子绑了起来。只是我才刚开始编第二撮儿，爷爷的头突然摆动了几下，我吓得赶快往屋里跑。

爷爷醒了，他收起凉椅走进屋。爷爷刚一进屋，妈妈首先见了爷爷，不禁咯咯地笑了起来。爸爸、奶奶、哥哥闻声回头一看，也跟着笑了起来。爷爷不知自己出了什么丑，便上下瞧瞧，拽拽衣襟，拉拉衣袖，大家看得更欢乐了。爷爷想不通，右手习惯性地去摸胡子，这下终于知道怎么回事了，看着偷偷躲在爸爸后面的我，摇摇头，笑着说："小辉，你可真淘气。"我瞧着爷爷那滑稽样，笑得抱着肚子说不出话来。

这一刻，我和爷爷开的这个玩笑，让我家充满了欢乐，也充满了笑声。

爷爷的"新潮生活"

韩 博

爷爷今年七十了，但他一点儿都不老，还很喜欢"新潮"的东西。

这不，自从我家添了一个方方正正的新成员——电脑，爷爷整个生活都变得"新潮"了，玩起电脑来，比谁的积极性都高，很快就成了"电脑专家"。

看一看爷爷每天的日程安排吧：起床，开电脑，种菜收菜；吃过早饭，玩电脑，看豫剧；吃过午饭，睡午觉，起床，开电脑，种菜偷菜，看新闻，斗地主。

爷爷真是与时俱进，买了电脑还不够，扫描仪、摄像头、耳机什么的都配套购买。他那间屋子实现了真正的现代化。我总是劝爷爷少玩一会儿，别累着自己了。每逢这时，他就会瞪大他那很老却很有神的眼睛，郑重其事地说道：“活到老，学到老。电脑是新事物，我得‘与时俱进’嘛！”瞧他那正经样，还“与时俱进”了，现在谁还玩“偷菜”啊。

爷爷有两个QQ，一个用来偷菜，一个用来和网友聊天。他有许多网友，你来我往，有时还开个小聚会，跟一群年轻人似的。

我佩服爷爷的“新潮生活”，爷爷虽然读过书，但拼音不够好，刚开始聊天的时候打字速度特别慢，爷爷为了跟上别人的速度，一个人学会了五笔输入法，那键盘上密密麻麻的字根，他竟然都能记得住，这一点，很让我佩服。

我觉得爷爷的“新潮生活”并不是为了享受，或者图个热闹，而真的是活到老，学到老。他这种善于学习的劲头，值得我学习。

宋琳琳

今天一上午，我们家都是在紧张的忙碌中度过的。

事情源于一早上，爷爷出门前给他一个老战友打过一个电话，然后，爷爷就发现手机不见了。

爷爷一个劲儿念叨着：老了老了，不中用了。急得满头大汗，这个屋里跑一圈，那个房里转一圈，像热锅上的蚂蚁，弄得全家不得安宁。“孙女，前天我花五千块钱刚买的手机找不着了，赶快帮我找一下。”爷爷这一叫，把全家都给叫了起来，来了个手机大搜查。

爸爸力气大，翻沙发；妈妈心细，找抽屉，翻柜子；就连平时不爱管闲事的奶奶也起身在床上和被子里找。我个子小有优势，可以钻到床下找。把家里翻了个底朝天，还是没找着。后来我把爷爷找来，也给他来了个大搜身，也没有。爷爷无精打采地坐到沙发上说："我刚才还打了一个电话，怎么一下子就不见了呢？"我灵机一动，爷爷的手机也许是开着的，一个箭步迈到电话旁，拨爷爷的手机号码。打不通，我沮丧地低下头，爷爷的手机可能没电了。

一大家子人忙碌了一上午，没有收获，只能无奈放弃。妈妈去厨房做饭，突然，我听到妈妈高兴地说："手机找着了。手机在菜篮子里。"爷爷猛地从沙发上一跳，拿手掌拍了一下脑门说："我买菜回来，把手机和菜一块放进去了。"全家人都笑了起来。

月儿弯弯

张贺甜

"弯弯的月儿，小小的船，小小的船儿两头尖，我坐在小小的船里面……"这是小时候爷爷和我坐在繁星点点的夜空下经常唱的一首歌，每次我都让爷爷唱，而爷爷就用他那五音不全的嗓音哄我入睡——我百听不厌，他也乐此不疲。

爷爷的头发很稀少，我想大概是我小时候爱抓爷爷的头发的原因吧。爷爷眼睛不大，却也炯炯有神，他最突出的就是眼睛上那两撇浓眉，特别长，每天他都得摆弄一番才肯罢休，爷爷很爱干净，也很勤

快，每天起得很早，把家里的大门敞开，仔细地打扫一遍，才满意地点点头，接着就去晨跑了。

小时候，我因为考试考砸了便和爸妈吵了一架，我哭着去找爷爷，晚上爷爷牵着我的小手走到院子里，坐下，让我仰望天空，映入眼帘的又是一片星空，满天的星星在夜的摇篮里安详地睡着，爷爷给我讲了一个故事：相传在月亮上有一棵高五百丈的月桂树。汉朝时有个叫吴刚的人，醉心于仙道而不专心学习，因此天帝震怒，把他禁留在月宫，令他在月宫伐桂树，并说："如果你砍倒桂树，就可获仙术。"吴刚便开始伐桂，但吴刚每砍一斧，斧起，而树创伤就马上愈合，日复一日，吴刚伐桂的愿望仍未达成，因此吴刚在月亮上常年伐桂，始终砍不倒这棵树，因而后世的人得以见到吴刚在月中无休无止砍伐月桂的形象。爷爷又接着说："我其实想告诉你一个简单明了的道理，做什么事都要持之以恒，包括学习也一样，比方说这一次考试，你先问问自己真的努力了吗？无论成绩好坏，下次继续努力就一定会取得满意的成绩，更不应该和父母吵架，当你和父母吵架时站在爸妈的角度想一想，你爸妈现在一定在担心你，快回去吧！"

一晃眼，时光匆匆，岁月不可留，学业繁重，与爷爷相处的时间越来越少。就在去年，我爷爷去世了。这对我来说，无疑是一个晴天霹雳。那一天晚上，我再次抬头仰望星空，月亮发出清冷的光，旁边飘浮着几朵乌云，相互映衬着，不自觉地想起爷爷的面庞来，眼里流下了两行清泪。

据说人去世后会变成一颗星，善良的人会变成最亮的星或直接被嫦娥招进了广寒宫做仙人，我相信爷爷一定会发着自己独特的光芒，守护着我，为我祝福。

那广寒宫里的嫦娥，愿在你的庇护下永远安着他的灵魂。这时，我的耳边又响起了："弯弯的月儿，小小的船，小小的船儿两头尖，我坐在小小的船里面……"院子里回荡着悠扬的歌声。

我和爸爸的“战争”

王一凡

抢“朋友”，啥意思？嘿嘿，我说的“朋友”是我最爱的动画片《火影忍者》。

说起《火影忍者》，我们其实是老相识了，当我的小伙伴们在讨论灰太狼与光头强的时候，我在看《火影忍者》。我觉得里面的鸣人太酷了，而且忍者村的事要比羊村和森林里的故事精彩得多。我甚至觉得鸣人和佐助就是我的好朋友。

但是，我“可恶”的爸爸，他偏要和我抢。本来，这个动画片还是爸爸介绍给我的，我本来以为我们可以和和美美的一起和电视里的他们聊天。但很快，爸爸就“变心”了，他竟然喜欢上了《海贼王》。每次我做完作业看电视的时候，他总是说看“路飞”。

这下“霸道”的我可不依了：“不行，我都写完作业了，而且动画片是小朋友看的，你不能跟我抢！”爸爸说：“可我也喜欢看啊，我是爸爸，你要学会孝顺我。”“我是小孩子，你要让着我。”我强辩道。其实，我自己也不清楚，到底要大人让着孩子，还是孩子听大人的话。但是，我真的很想看鸣人。

然而爸爸还是不理我，直接从我手里抢走遥控器，我简直要疯了，哪有这样的爸爸！于是我捡起沙发上的抱枕，开始向爸爸发动

“攻击”，爸爸的手好长，他伸出一只手挡着我，另一只手高举着遥控器，我就再也没办法了。

最后，我不得不使出我的终极“武器”——妈妈。我站在客厅中间，大喊一声：“妈妈，爸爸又欺负我！”

哈哈，结果，爸爸还是“投降”了，乖乖把遥控器给我。因为妈妈才是家里的“超级大国”。

这就是我和爸爸的“战争”，只是我发现，我们父子俩在“战争”过后，感情反而更好了呢。

我的爸爸是“懒虫”

于浩森

在我们家，我是除了妈妈外，最勤快的一个。至于我的爸爸，那就是个超级大懒虫。

就说今天早晨吧，我和妈早上四点钟就起床了，我们梳头、刷牙、洗脸，然后又去大堤上跑步。跑完步回来，客厅里连个人影也没有。我暗暗猜想：难道爸爸上班去了吗？我又往大睡房里一瞅，哇，他居然还赖在床上，正睡得香呢！我毫不客气地跑过去，捏着他的鼻子说：“太阳晒到屁股啦！”爸爸哼了两声，翻个身，又呼噜噜地睡着了。我扯开嗓门叫着：“大懒虫，起床啦！”他仍然一动不动，好像根本听不见似的。我扭头看了看钟，我的妈呀，7点40分！不好，我要迟到了。我背上书包，撒腿就跑。

唉，管不了那么多啦，反正，我是不会让太阳晒到我屁股上的。至于爸爸，让他多休息吧，谁让他前一天工作那么辛苦呢。

我爱爸爸的背

蒋依欣

从小到大，我最喜欢的“玩具”，不是白雪公主，也不是芭比娃娃，而是爸爸的背。

记得有一次，我吵着要玩骑大马，爸爸说：“上来，爸爸陪你玩！”骑上了爸爸的背，我说：“驾，驾，大马跑！”爸爸说：“准备开始！”当我玩累的时候，我就躺在爸爸的背上，爸爸的背又温暖又舒服，就像一张暖和的大床，我很快就睡着了，爸爸轻轻地摇着我，这种爱是无穷的力量。

有一次，我上幼儿园的时候，外面的风非常的大，爸爸说：“来，宝贝，爸爸来送你。”爸爸骑着自行车，我坐在他的后面，爸爸的背把大风都挡住了，我趴在爸爸的背后，暖暖的，寒冷一下子都跑了，让我精神抖擞。

还有一次，下雨天，我没有雨鞋，爸爸说：“来爸爸背你上学！”我打着伞，爸爸背着我，我生怕爸爸会淋到雨，我再次趴在爸爸的背上，像在温暖的床上也像躺在暖和的被子里。

爸爸的背，不只像玩具，还像床，像一座大山，更像一张暖和的被子。我爱爸爸的背，更爱爸爸的心。

我的好妈妈

孙文佳

我有一个好妈妈，从小到大，我的每一步成长，都凝结着妈妈对我的关爱和慈祥。

在我很小的时候，有一次，我生病了，住在医院里。在那里度过的每一分每一秒都是妈妈在认真地照顾着我。每到晚上，妈妈就用她那慈祥温暖的双手给我洗脚。一次，我迫不及待地问妈妈：“妈妈，你怎么不睡觉呢？”妈妈用亲切的语气对我说：“傻孩子，妈妈要好好地照顾你呀！”

那一刻，我真想也为妈妈洗洗脚，倒上一杯热茶，再为妈妈也捶捶背。那一刻，我感受到来自妈妈的关爱就像一股暖流流向我的心头。晶莹的泪珠从眼眶滑落，顺着两腮流下。我感觉心里充满了温暖的力量！

你们说，这么好，这么令人开心，难忘的事情，我怎么能忘记呢？我更不会忘记妈妈对我每一分每一秒的关爱，我爱您！妈妈。我一定不会忘记你，我的好妈妈！

夏日趣事：捉蛐蛐儿

杜子轩

我家门前有一大片空地，夏天的晚上，这里成了蛐蛐儿玩耍的好地方。

暑假的一天，我和好朋友王小青一起在家门口捉蛐蛐儿。我们轻轻蹲下身子，在昏暗的灯光下仔细寻找，忽然我看见了一只蛐蛐儿！它的身体是椭圆形，胖嘟嘟的，身体上还有两片薄薄的翅膀。我高兴地把小青叫过来，小青过来看了一眼，喊道："这是一只小偷！"我不由得大笑起来，我说："蛐蛐哪还分警察、小偷？哈哈哈……"王小青认真地说："当然了，我告诉你，头上有钢帽的就是警察，没有钢帽的是小偷。"我觉得有趣极了，捉起来更带劲儿了。

我又看见了一只，下手抓它时，它头上有个东西扎了我一下，我就问王小青，她说："蛐蛐儿头上有一根针，下半身也有一根针，你捉它的时候小心一点。"我想：原来，蛐蛐儿的身上还有这么多知识呢！以后我一定要细心观察。

雪地捕鸟

窦奕辰

冬天的“趣事”有很多，像天上的星星数也数不清。最有趣的，当然就是一场大雪之后，和小伙伴一起在雪地捕鸟了。

那天大清早，我起床后推开房门一看，嗬，好大的雪！房顶、树木都变白了，大地也盖上了一层厚厚的棉被子。我高兴极了，情不自禁地喊了起来：“我要去捉鸟喽！”我跳着、蹦着，拎着鸟笼子、筛子、扫帚，还有系着绳子的小木棒，大步来到田野，一看，村里十多个小朋友已经不约而同地都来了。大家各自扫出一块空地，撒上一些谷子，再用小木棒把筛子支在谷子上面，然后，拽着小绳的一头，隐藏在小土坡的后面。寒风吹来，大家都像没有感觉似的，只是焦急地等待着……

不一会儿，一大群饿极了的小鸟叫着飞来了。真漂亮啊！它们个个头上裹着“红纱巾”，身披灰外衣，长嘴像尖刀，两只明亮的眼睛机灵地巡视着四周，在白雪的映衬下，显得更加美丽了。我紧紧盯住它们，恨不得一下子抓到手里。

终于，有两三只小鸟窜到我的筛子附近来了。它们不停地跳着，时而低头寻食，时而抬头侦察“敌情”。忽然，它们发现了我撒下的谷子，便不顾一切地扑过来，吃起早餐来。我看准时机，猛拉绳子，

“啪”一声，这几只小鸟，便成了我的“俘虏”，尽管它们不停地飞撞也无济于事了。不大工夫，小伙伴们都战果辉煌。可是被装进笼子里的五六十只小鸟却都“唧唧唧、唧唧唧”地哭了起来。

这时，我们班的班长王子明来了。小伙伴中有的提起鸟笼要走，有的像没有看见一样。班长把大家叫到一起，说：“我们这里有捉鸟的坏习惯。老师的话难道忘了吗？我们应该坚决改掉这种坏习惯。鸟是庄稼的医生。一只小鸟一天能吃上百只害虫，一年到头为民除害，我们不但不感谢它们，反而把它们捉进笼里。你们看，小鸟在哭呢，恳求你们还它自由吧！”听了班长的话，看着那些蹦着、撞着、叫着的小鸟，真的像是在哭泣、恳求，又像是在愤怒地抗议着……此时此刻，我们心里都觉得不是滋味了。

大家都低着头。我第一个打开笼子，把十五只小鸟都放了。小伙伴们也争先恐后地打开鸟笼，几十只小鸟分成几群，在我们头上飞了几圈，又落在附近，朝着我们晃着小脑瓜，扇动着翅膀，鸣叫着，好像在说：让我们多捉害虫，来报答你们的“宽大”吧。

捉竹牛

范晓飞

假期最快乐的事，是回乡下奶奶家捉竹牛。奶奶说竹牛是害虫，专门吃竹笋。

那一天，火热的太阳炙烤着大地，我和奶奶到竹林里去捉竹牛。

刚进竹林，我一眼就看见在一根蜡烛般细的竹子上落了一只竹牛。

我先将手伸向前，弓着背，悄悄地向竹牛走近，我的动作简直像个小偷。接近竹牛，我用手猛地一捂，那只竹牛被我捉住了。可它像不服气似的，用它那带有锯齿的脚使劲地将我的手指向外推。当然，无论怎样我也不肯松开手，但又怕把它的肚子捏破了，我只好把手指弯曲，让竹牛有活动的空间。然后，我用左手压住它的大脚，右手一下子把它的背抓住，这下它跑不了啦。

奶奶说："村里的小朋友捉了竹牛到街上卖，既捉了害虫又卖了钱，真是一举两得。"我不这样认为，摸着它硬硬的小脑袋和灵活有力的腿，我说："我想让它当我的小伙伴。"奶奶慈爱地看着我点了点头。

我拿着竹牛，走在回家的路上，心里乐滋滋的。

我放走了那只蚂蚱

王佳旭

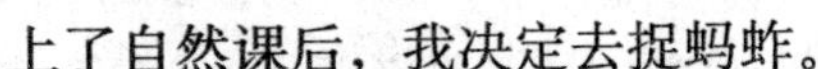

上了自然课后，我决定去捉蚂蚱。

一放学我就跑到田野里开始寻找，却迟迟不见它们的踪影，老师说："蚂蚱的颜色跟小草差不多，要捉住它，要有足够的耐心才行。"想起老师的这番话，我沉住气，细细地在草丛中寻找。突然，一架"小飞机"从我眼前飞过，落在了草根上。我伏在草丛中，轻手轻脚地向前挪动，好不容易挪到"小飞机"身后，双手赶快一合。我感觉手里软绵绵的，心想，准是一只大蚂蚱！打开一看，原来是狗尾草。我告诉自己不能灰心．于是继续搜寻目标。

忽然，一位“绿色绅士”飞了过来。我想，这可真是天赐良机呀！我一定要好好把握。我观察了蚂蚱的一举一动，它似乎正放心大胆地落在草尖上休息呢。我蹑手蹑脚地靠过去，猛地一合手——“捉住啦！”

我仔细端详这只蚂蚱，它的头是三角形的，头顶上还有两个可爱的小触角，它的胸部有几条细长的短腿，短腿上长着一些刺毛。可爱的小家伙全身绿中带黄，跟草的颜色果真一模一样呢。这就是它的伪装本领吗，或许这就是它的自我保护吧。想到这里，我轻轻对它说：“我不会伤害你的，我只是想和你交个朋友。”

最终，我把它放回了大自然。看它如跳远健将般跳回草丛，我心里比捉到它时还要高兴。

我会砸核桃了

陈宇昂

夏日午后，我和弟弟在阳台上正玩闹，弟弟突然看见堆在一旁的核桃，嚷着要吃。他就像小馋猫看见鱼一样，早就垂涎欲滴了。

我决定给弟弟砸核桃吃，这可是我第一次砸核桃。我一手拿着锤子，一手按着核桃，使劲儿用锤子砸向核桃，可是那锤子不偏不倚，正好砸在了我的大拇指上。核桃没砸到，大拇指上却长出一个“小核桃”。我不甘心，忍着疼又拿来斧头——看我的“二郎神劈”！斧头落在了核桃上，“滋溜”，核桃从斧头下边“逃跑”了，在逃跑的过程中，它还旋转着跳芭蕾舞呢！真是太得意忘形了。

我找回这个“胆小鬼”，换上了大锤子——看我的“重锤出击”！“砰”，核桃被砸扁了，核桃仁也变成了核桃泥。我又换上了小锤子，我用小锤子轻轻敲了几下核桃．核桃上出现了一道裂纹，我轻轻地把核桃掰开，核桃仁竟然完整无损——我终于会砸核桃了。

人不可貌相，核桃也不能只看外表。有些核桃外面很光滑，很洁净，但是砸开一看，这个核桃仁肯定能在世界选黑比赛中获得“一等奖”，根本不能吃；有些核桃表面看上去很粗糙，还有些小黑点儿，可是里面的核桃仁洁净、香甜，非常好吃。

我和弟弟一起分享着我自己亲手砸开的核桃，心里非常快乐。

买 菜 记

翟阳阳

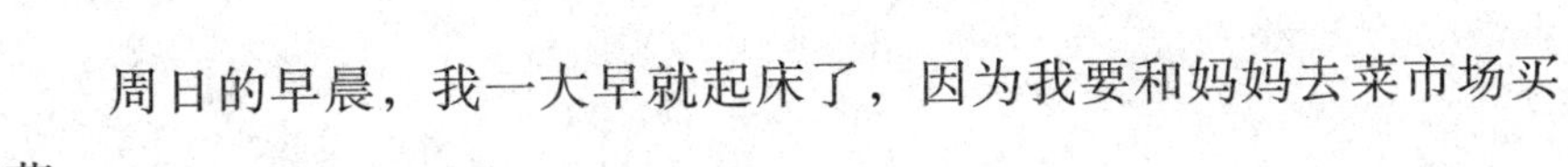

周日的早晨，我一大早就起床了，因为我要和妈妈去菜市场买菜。

来到菜市场，只见里面人山人海，有提着菜篮子进去的，有提着大包挤出来的。菜市场里面传出来的叫卖声、讨价声交织在一起，热闹极了。

妈妈带我先来到了蔬菜区，这里有红彤彤的番茄，绿油油的小青菜，长长瘦瘦的黄瓜，还有白白胖胖的大萝卜。妈妈挑选了水灵灵的洋葱和红得夺目的番茄。

然后我们来到了鱼档，她先站在鱼池边看了一会儿，接着，就抓起一条不大不小的鲤鱼。档主满脸堆笑地说：“这位大嫂真会挑，这条不错，够生猛！”“嗯，这鱼怎么卖？”“五块一斤，如果整条买就便宜一点。”档主搓着手说。妈妈好像光嘴巴说还不够似的，手也比画起来：“整条买，三块半怎么样？”“三块半？不用说了，你请到另一家吧。”“不卖就算了，别的地方有的是。”妈妈把鱼放在一旁，却没有放回鱼池里，便向前走去。

妈妈好像故意走得很慢，然后在旁边的另一家鱼档挑来挑去，但又没心买，好像在等待着什么。果然，刚一小会儿，那位档主就热情地招呼我们回去买他的鱼了。走出菜市场，我问妈妈这是为什么，妈妈笑着说：“这就叫做买菜的学问！”

记我第一次包饺子

张苗苗

“包饺子咯！”下午，我高兴极了，因为我们班要包饺子了。

洗干净小手，王老师先给我们做了示范，她一手拿起饺子皮，一手用筷子夹了些饺子馅，还没等我们看清楚，就像变戏法似的已将一只饺子包好了，我们都鼓掌叫好！接着，她又拿起一张饺子皮，放慢动作，给我们作分步讲解，对一些关键点，她还特别作了提醒。我可没这个时间听王老师手把手地教，早就手痒了，快速拿起一张饺子皮，放上一大块馅，将皮一对折，在周围边上使劲一捏、一压，一个

"胖娃娃"就诞生了，肚子圆圆的。咦？怎么"衣服"上会有个小洞呢。这怎么行，我想把它补起来，没想到那个洞越补越大，越补越显眼，我一着急，手一哆嗦，这个"胖娃娃"便一下子掉到了水泥地上，变成了脏兮兮的"土娃娃"。旁边的同学见了，一齐哄笑起来，还好我脸皮厚，嘻嘻一笑。

王老师笑着问明原委后，指出了我的毛病，还特别强调了包饺子的几个要领。吃一堑，长一智。这回我可就认真起来了，按照她的指点一步步的包。嘿，果然掌握要领还真是重要，这一回我不再出先前那样的洋相了，而且包的速度也渐渐快了起来。这时，同学们也都慢慢学会了包饺子，王老师一声令下，我们还进行了比赛，最终，我包得最多。

饺子包好了，王老师为我们煮好，我和同学们端起一碗碗热气腾腾的饺子，一边有滋有味地吃着，一边赞不绝口地喊着："好吃，好吃！"

记初次喝茶的经历

赵朝进

在家里，爷爷和爸爸都喜欢喝茶，但他们从来不让我喝茶，说对小孩子不好。那当然是骗我的，他们是嫌我浪费好茶。其实，我对茶，还是有了解的。

我国的茶文化历史悠久，源远流长。茶，以其芬芳之气，甘美之味，给人带来了生命的活力。对茶的营养成分、药用功能、营养价值，我早有耳闻。这回终于央求爸爸妈妈带着我，有机会去“呼闽茶庄”品一次茶，我感到格外高兴和好奇。

到了那里，我们刚找了个座位坐下，就有一位身穿蓝色旗袍的服务员，端着一套茶具走来。坐稳后，她开始向我们介绍茶具，有什么盂成壶、公道杯……我也没完全听懂。茶壶只有拳头大，茶杯小如核桃。我心有所疑：杯子这样小巧玲珑，能解渴吗？接着，服务员又开始动作娴熟地进行布茶、洗茶具、放茶叶、例开水，从这个杯子倒进那个杯子，又从那个杯子倒进另一个杯子。最后，金黄、艳丽的茶水端到我们面前。啊，终于可以喝了，我早就口干舌燥了，便端起杯子一仰脖儿就给喝了个见底儿，可是什么味也没尝着。这时，我发现大家都奇怪地看着我，便问：“怎么啦？我有什么不对吗？”妈妈这才告诉我，品茶很有讲究，先是拿杯子，要用大拇指和食指捏在杯子两边，中指托在杯底，这种拿法叫做“三龙护鼎”。喝时也有讲究，不能一次喝完，要分三次，分别是一喝、二饮、三品。听了妈妈的话，我才觉得自己就像一个“土老帽”。之后，我按照妈妈所说又喝了一次，果然，这次品出了香味，那香味沁人心脾，喝完觉得神清气爽，精神振奋。

原来这就是品茶。虽需等待，但等待之后又给人以心旷神怡的感觉，让人享受到了“苦尽甜来”的乐趣。

会牺牲的蜡烛

周东圳

春蚕到死丝方尽，蜡炬成灰泪始干。

——题记

亲爱的人们，我想对你说：

我很平凡，我只希望在没有灯的时候，能够给世界带来一丝光明。我在人山人海的超市中被放在架子上，等待着被买走的那一天。

就在超市即将关门的那个夜晚，来了一个急匆匆的男人把我买走了，我就这样在那个男人的手提包中被他带回家。就在他把我放在一个蜡烛盒的时候，我才知道他们家很贫穷，而且，晚上他的孩子还要用光明读书，所以那个男人把我放在那里以防备用。

那个蜡烛盒里还有一根白蜡烛，他已经很衰老了，这是我在这个世界上的第一位老师，他告诉我作为一个蜡烛，就应该有牺牲自我的精神。

就在第二天下午那个男人的家发生了地震，我也被压在了地下。

那个白蜡烛断了，这时，突然有人大声喊：有没有蜡烛和打火机，有孩子被压住了。要借光明把孩子稳住，不让他慌张。

我赶紧把头顶向发光处，不一会儿就有了一条通道，我一下子就跑了出去，有人看到我把我捡起并点燃。啊，我的身体好疼，可是想到了白蜡烛的那句话，于是我努力地把光明发得更亮。

这时有个人明明有个打火机却不愿意交出，难道你们人类就不能学学牺牲自我照亮他人的道理吗？

给我宝贝钢笔的一封道歉信

王祥祥

我的心肝宝贝钢笔：

你好！

我就是你不负责任的主人，一个马虎但真的很喜欢你的主人。你真是太美了，你有一身华丽的外表：紫色的外衣上有一些珍珠似的白点，背面还有一个浅紫色的蝴蝶结，漂亮极了。你肚子里总是吸满了你最爱喝的“果汁”，我带着你写的字非常漂亮。可是，班上的有些同学就羡慕了，对我说：“用下你的钢笔，好吗？”那时，我仿佛看到了你的内心一直在喊：“不要啊，不要！”其实，我的内心也是这样想的呀，但是毕竟是同学一场，无法不给她用呀。所以，我只好给她用了。

你可能还在生我的气，我心中并不想把你借给其他人，比如那个同学。但是，她每次都说：“再借用几天，可以吗？你不会不给我借用吧。”无奈之下，我借给她了。不过现在好了，你一直都会是我的啦，我向你发誓，保证不再把你借给其他同学了。请原谅我！

祝你美丽永久！

你的主人：王祥祥

2017年某月某日

集市交响曲

陈一雄

周末的早上，我被妈妈从被窝里拖出来，不情不愿地陪她去街上买菜。

走在菜市场，我特别佩服那些卖菜的，你听，“买菜喽！走过路过不要错过。”卖菜大娘吆喝着，声音多么浑厚有力，我平时读课文的声音和她相比，简直天上地下。

我正一边帮妈妈拎着菜篮，一边感叹着，突然一阵清脆的声音传入我的耳朵里。“你这才两斤，就四十块钱。你看看旁边的，人家四斤才三十块。”买菜的人声音是那么高昂，像春雷在滚动。“那你买旁边那家的呀，跑我这来干什么？”卖菜的人快速地说，声音是那么迅速像火车呼啸而过。

那个买菜人正准备走，结果不小心被一块调皮的小石头绊倒了，这时，一位年轻的阿姨眼疾手快，连忙把买菜的人搀扶了起来，温柔地说：“没事儿吧？”她的声音是那么悦耳那么动听，像百灵鸟婉转的歌唱，像燕子的呢喃。“没事！”买菜人的声音是那么低沉，那么微弱，像海浪轻拂过沙滩。

"买菜喽，走过路过不要错过。"菜市场又传来清脆的声音。

永不言弃

朱茗永

下棋最需要什么？我可以以过来人的身份告诉你：需要天赋，更需要一种永不言弃的精神。

我现在学围棋已经有三年多了，书也学了有八本了，参加过四次比赛。在去年元月份"小棋星"比赛中荣获了第五名，拿上了业余一段。其实，我在获得这些荣誉之前，付出过很多的辛劳。在这三年里我下过很多盘棋，永不言弃是我最大的收获。

在我刚学围棋的时候，一直都坐不住，过一会儿就跑去玩了。上课的时候一直不专心听课，所以下棋都会输，大家都说我是一个"臭棋篓子"。我暗下决心，发奋学习。通过一年多的学习，我上课终于能静下心，坐下来了。功夫不负有心人。我的下棋的水平终于提高了。

有一次，我和我们班下棋的同学比下棋，本来他能把我赢了。但我永不言弃，最终，出人意料的，我赢了。我对他说："本来你能赢的，我胜在耐心。我们相互激励吧！"

这件事让我印象深刻。

爸爸，我想当一天树

当您在窗口搞预算时，热得脸上直冒汗。这时，风儿给您送去凉爽。我的影子投在您的身上，我顽皮地摇着枝条，几片叶子轻轻落在您的身上。您拍去树叶，可您是否想过，是我在和您玩耍？

爸爸，我想当一天树

王雅欣

爸爸，每当我看见冠盖如云、挺拔耸立的大树便心生欢喜。我爱极了它拥抱天空的长长枝叶，爱极了她笔直挺立的姿态，爱极了她与风儿共舞与小鸟为伴的潇洒。

爸爸，让我当一天树，过一天树的生活好吗？

早晨，我抖抖枝丫，抖去睡意，我要和小鸟一起玩耍。当风儿吹过时，我会摇摆着树枝，向它招手。

中午，天气热极了，爸爸您从家里出来找我时，您就站在我的脚下，您抬头看看挺拔耸立的我说：“真是一棵好树。”可您会想到那就是我吗？

当您在窗口搞预算时，热得脸上直冒汗。这时，风儿给您送去凉爽。我的影子投在您的身上，我顽皮地摇着枝条，几片叶子轻轻落在您的身上。您拍去树叶，可您是否想过，是我在和您玩耍？

太阳快落山了，我又变回我自己。哦，爸爸，当树可真好啊！

做一只吃肉的兔子

常露露

我梦见自己变成了一只兔子，我的身体变得矮矮的胖胖的，皮毛白白的似雪，但，我是一只不甘平凡的兔子，也不是那种好吃懒做的兔子，我有一个伟大又遥远的理想——要和老虎狐狸学吃肉。

自从有了吃肉这个理想，我茶不思，饭也不香，这就苦了我，整天不吃不喝，就是想。

于是我便向家人告别，去东北的南山和凶猛的老虎学习吃肉。

走啊走，我遇过很多危险，但还是扛过来了，终于找到老师——老虎，于是我便坐在地上对老虎说："徒儿小兔子，特从家乡赶来拜师父老虎为师。"老虎听后便说："快快起身，本师就勉为收你为徒吧。" 听到老师都这么说了，我高兴地一蹦三尺高告诉师傅，我本次赶来的目的是什么。这老师听罢，却皱了皱眉说："恐怕有点难，这个吃肉，只有肉食动物能，素食动物是不会的。"

但是我说："我什么也不怕，可以的。"从此我开始了艰难的魔鬼训练，但还是没学会吃肉，不得已我放弃了。

算了吧，我还是安安静静地做一只乖乖兔吧，看来这些不切实际的理想是不能实现的，以后做什么事都要符合实际。

写给竹子的信

——一只竹鼠的自白

王若雨

亲爱的竹子：

我是你最好的伙伴、邻居、朋友，竹鼠。从名字上看，我们简直是天生一对。然而今天，我有些话想要跟你说。

竹子，你是我最要好的朋友。每天，我饿了吃你；吃点心时，吃的是你；无聊发呆是，啃的是你……总而言之，我吃过你，从未换过新口味，使我的味觉都快消失了，我觉得，你如果再没有一丝变化，我都快得“厌食症”了。

第一，我希望你能软一点儿，虽然我的牙很锋利，可是时间长了，牙齿也会受不了你那“坚韧”的身体，随着日月的流逝，我会变得越来越老，牙齿也会变得十分没劲，嚼不动你了。所以，我希望你能变软一些。

第二，我希望你能变嫩一点。尽管每次嚼你都会有一股甘甜的汁水浸我的心房，可是只有这甘甜的汁水，却没有鲜嫩的果肉，似乎有些单调。所以，我希望你能变嫩一点儿。

第三，我希望你能变成圆形。你的形状是细细长长的，可是，这样并不好拿。我的大手圆嘟嘟，胖胖的，握着又细又长的你，手掌上的肉都挤在一块了，那滋味别提有多难受了。所以，我希望你能变圆一点儿，好捧着吃，那才舒服。

竹子，尽管我对你有一点建议，大可不要因为这点小事而伤了和睦哦！你永远都是我最要好的朋友！

如果每周都有星期八

陈福庆

如果每周都有星期八，我一定做梦都会笑醒。

我一定要叫上一些同学一起快乐地玩耍，我们要一起度过一个自己最想要的星期八！

我会叫来平时和我一起玩的小伙伴们，我对他们说："我们一起去我家里玩吧，我相信我们一定会玩得很开心的。"他们也会纷纷点头表示同意我的提议。于是我们就一起到了我家，我们打算玩我们最喜欢的游戏——捉迷藏，这个游戏是我们的最爱，它会让我们感到开心愉悦。

就这样，我们要开始了，我是要躲藏的人。游戏刚一开始，我就急忙地藏进了一个很隐蔽的地方——我们家的衣柜，我相信肯定不会有人发现我的。可是突然，我就听到了一声尖叫，于是我就急急忙忙地从衣柜里跑出来查看情况，结果发现原来是有人在骗我们。就这样我们玩了一次又一次，我们都觉得很开心。

可是，突然间我才意识到，这一切都不是真的，只是我在脑海中最美好的幻想罢了。

唉！我多么希望能有个星期八啊，能让我感受一下游戏带给我的快乐，可惜这几乎是不可能的。

爷爷的生日礼物

张家豪

星期五的中午，下课铃响，我背起书包，飞似的往家跑。

你要问我为什么，因为今天是我十岁的生日，此时的家里，一定有满屋的礼物等着我。其中，我最期待的，就是爷爷早就许给我的神秘礼物。

到底是什么呢？一路上我的小脑袋都在胡思乱想，回到家，看到爸爸、妈妈已奏起了“锅碗瓢盆交响曲”。姑姑、姨姨也已经都来了。我都没来得及放下书包，就冲妈妈喊：“妈，爷爷呢？”

话音刚落，便见爷爷推门而入，手里还拿着一个小盒子。我看着他的双手，礼物呢？难道把我的生日忘了？

我用疑惑的目光望着他，爷爷似乎看出了我的心思，抚摸着我的头微笑着说：“军儿，这是爷爷年轻的时候，从战场上下来，赢得的军功章。现在我把它送给你作为生日礼物，从今天起，你就是小大人了，要学会承担责任了，希望它可以激励你做人。”

我极不情愿地接过爷爷的礼物，心想：你的军功章能激励我做人？骗人！从来没听过你打过仗。等爷爷吃完饭走了，我忙问爸爸妈妈。他们都笑着说爷爷的话没错，爸爸于是给我讲起了爷爷的故事。

爷爷已年近六旬，没念过几年书，却很受村里人尊重，原因就是他曾经上过战场，为国家流过血，得到过表彰。

我问爸爸妈妈，“打仗苦吗？”

爸爸摸了摸我的头，说，“当然很苦，有时候几天吃不上饭，还要时刻防着敌人进攻，随时都有流血牺牲的危险。你爷爷现在一到下雨天就全身疼，就是因为当初战场上受过伤，伤了根基。但再苦，为了国家，也要坚持啊。”

我想象着爷爷在战场上打仗的样子，一会儿炮火连天，一会儿鲜血直流……顿时感觉爷爷的形象高大起来了。

我小心翼翼地收起军功章，工工整整地放在书桌上。爷爷送给我的这份特殊的礼物，我将终生珍藏。我希望自己也能成为爷爷那样，能承担责任的人。

姐姐的爱

李婉婷

姐姐爱笑，尤其是对着我笑，我觉得，姐姐对我的爱，和她对我的笑一样多。

有一次，我生病了。姐姐给老师请了假，把我从学校带回来。给我倒热水让我吃药，我看着姐姐，白白的脸，粉红色的嘴，小巧玲珑的鼻子和大大的眼睛，还有姐姐给我的一丝微笑，不太多，不太少，让我的病好像都好了一点点。

以后，在我生病的每一天，都能收到姐姐给我最好的礼物——不多不少的微笑。每一次收到姐姐给我的礼物后，我的病好像都好了一点点。

还有一次，我忘了拿课本了。姐姐给我送过来了，可只有一本语文书，我说："姐姐，还有一本数学书，还有一本英语书！"可姐姐在我说到数学的时候已经走了。姐姐来回一共跑了足足一千米，累得气喘吁吁，可是姐姐一句抱怨的话也没有说，只是微笑着把书递给我。

姐姐的微笑给了我力量，让我有了勇气，我终于明白，原来姐姐的爱都藏在姐姐的微笑里。微笑是姐姐对我爱的表达，你们知道了吗?

我爱你，妈妈

范盼盼

"世上只有妈妈好，有妈的孩子像块宝"，能够拥有妈妈，是我这辈子最大的幸福，我爱我的妈妈，她为我付出了太多。

一天早晨，雨在"哗哗"的下着，我来到学校，坐在位置上。发现语文书没带，我打电话给妈妈让她给我送过来。大约过了十分钟后，"咚咚咚""咚咚咚"老师打开了门，妈妈将书缓缓地递给老师，便走了。就在这时，一个画面忽然闯入了我的眼帘，一个三十多岁的女子，穿着睡衣，披着湿透的头发在雨中消失。

在我五岁的一个周末，我在枣园公园里玩。非常羡慕别人的自行车，于是我央求妈妈给我买了一个。第三天我来到楼下学自行车，按妈妈说的，双眼目视前方，保持平衡，可滑了五圈之后，每次都是妈妈一松手我就摔倒了。正当我要打退堂鼓的时候，妈妈的眼睛就露出鼓励的目光，使我打起精神，用一下午的时间终于学会了。

这天，我和以往一样，早早地起床，不同的是，妈妈生病了，我想我得自己去买饭。我带好自己的书包，拿好零钱，心里正在盘算到哪儿去吃早饭时，一回头，发现餐桌上摆了两三盘香喷喷的饭菜。我连忙坐下吃，可是不知为什么，吃完后泪水模糊了我双眼。

妈妈，你的爱时时刻刻陪在我身边，我永远也不会忘记，那雨中独行的背影，那鼓励我不放弃的眼神和拖着病体为我做的香喷喷的饭菜。我爱你，妈妈!

相亲相爱的一家人

王东明

世界上最幸福的事是什么？就是我们一家三口，相亲相爱。

我的爸爸。有一次，妈妈要去上班，就给爸爸说：“明天的饭由你来做。”爸爸心里想：“怎么办呀？我不会做饭怎么办呀？”“算了，做就做吧。”第二天，天还没亮，爸爸就开始煮鸡蛋了。爸爸一开始小心翼翼地把鸡蛋放进锅里，等到鸡蛋熟了，从锅里拿出来剥鸡蛋皮的时候，爸爸的手艺就已经很熟练了。开饭了，我吃着爸爸精心做的饭，感动极了！

我的妈妈。有一次我生病了，那时还下着倾盆大雨，她不管有多大的雨，抱着我就向医院跑去，到了医院，妈妈的衣服、头发和全身都湿透了，看到妈妈这样，我流下了泪水。看完病后，医生说不要紧，吃点儿药就行了，听了这话妈妈才放心了。

我。有一次妈妈发烧了，而且还是高烧，我和爸爸给妈妈吃了药，喝了热水，不一会儿，妈妈就好了许多。我就跟妈妈说："睡一觉病就会好的。"第二天，我们又给妈妈量了一下体温，发现体温变成了正常温度。我们一家人的脸上都露出了笑容，像吃了蜜一样。

这就是我们的一家子，怎么样？是不是很相亲相爱呢？

阿毛，我为你哭泣

张文静

阿毛是我最亲密的伙伴，每天依依不舍地送我上学，兴高采烈地迎我回家……

可是直到今天早晨，阿毛还是没有回家，院子里变得非常寂静。我推着自行车要上学去，没有了它趴在脚上的"吻别"，心里泛起一股失落感。妈妈在阿毛住的地方叫我："静静，快看，小狗还没回来！"我没有回应，一大早我就看过了。我知道我的担心终于成了现实。

昨天傍晚，我骑车回家，阿毛像平常那样出来迎接我，但我发觉不对劲。只见它眯缝着双眼，并没有像往常一下跃扑到我的胸膛，只是伏在地上，无力地摇动着那根干巴巴的尾巴。

妈妈看我回来了，边迎上来，边指着阿毛骂："瞧这懒狗，对好朋友也这样，太不知好歹了嘛！"爸爸正在一边喂鸡，朝阿毛端详了一下说："会不会生病了？"妈妈随口说："总该不会是吃了毒药吧！""有可能。"爸爸听了皱起眉头说。听他这么一说，我心里着了慌。这可是我最亲密的伙伴呀！我连忙说："那怎么办，赶快医治吧。"妈妈也有点急了，连忙掏出十元钱给我，让我去医院买点"阿托品"回来给阿毛吃。

一路上，我飞一般地跑着，只听见风在耳边"呼呼"直响，不一会儿，我便到了医院。我向医生说清了要买的药，他看我气喘吁吁十分急切的样子，好像知道了我买药的原因，立刻包好交到我手里。

"阿毛呢？"我跑到家时的第一句话。

"刚才还在，现在不知跑哪去了。"妈妈一边擦去脸上的汗珠，一边回答。于是，我心急火燎地找了起来，但一直到吃晚饭时也没有找到，我心里难过极了。泪水止不住流了下来，阿毛曾为家里增添了多少欢乐呀：当妈妈忙着赶鸡时，阿毛一纵一跃，龇牙咧嘴，恐吓鸡群；当爸爸到地里去割菜时，阿毛看到了正在偷吃庄稼的猪，飞跑着冲上前将猪赶跑；有时我高兴，就"嗷嗷"地吓唬它几下，它就像感到害怕似的把尾巴轻摇起来，耳朵贴住面颊。我知道它其实并不怕我，只是装装而已。有一次，我和阿毛一起去河里洗澡，它差点被我淹死，后来它有好长一段时间不理我了，我用了许多"花招"才使它和我和好……

可如今，我的阿毛，你在哪里？你是怕死在家里，怕我太伤心吗？

阿毛，我为你哭泣……

有趣的乌龟

刘 娜

我十岁的礼物，是爸爸送给我的一只乌龟。爸爸告诉我，乌龟是很有趣的生命。

它的外形像是绿绿的贝壳，同样的有绿绿的小脚，可是它的鼻子却像猪的鼻子一样，它的头圆圆的小小的。它有一对水汪汪的眼睛，它的尾巴短短的，每当我碰一下它的头，它就很迅速的头脚和尾巴都缩进去了。

它很让人省心，有一天我和同学去玩忘了给它喂食物，它就躲在它的壳里一动不动。等我回来看见乌龟一动不动，我就给它洒了它爱吃的东西，它立马伸出头来吃，看起来它也很高兴。

这就是我们家的那只可爱的乌龟。

给小狗毛毛的一封信

曹将将

亲爱的小狗：

我可爱的毛毛，你走后的十几个日日夜夜里，我一直在想你。我已经有两周没有抱抱你，给你喂食，陪你玩球了。你想我吗?

在你离开后，我才突然发现，我这个主人，做得有多糟糕。

还记得那天下午，我放学回来，准备坐在沙发上休息一会儿。无意中看到床上很乱，你在床边梳理你洁白如雪的毛，我就以为是你弄乱的，我就狠狠地教训了你一顿。直到晚上妈妈才说是她早上出门时弄乱的，没有来得及收拾。对此，我感到深深的歉意。在这里，我要给你说："对不起。"

我现在想起的，都是你的好。

记得有一次，我写完作业了，坐在沙发上看电视，我看到你在做一些不寻常的动作，还在不停地狂吠。我就根据我平时的经验，判断出你是在发出警报。我环顾了四周，发现有一只蜘蛛在我身旁，准备咬我一口。对此，我对你表示深深的感谢!

还有一天深夜，我们都在甜美的梦乡里，突然一声惨叫惊醒了我们。我们赶紧起来，发现是一个坏人，准备偷东西，你就赶紧扑上去咬了他一口。

虽然你已经被姐姐带走了，但我还会记得你。

希望你越来越健康！别忘了我！

你的小主人：曹将将

2017年某月某日

可爱的小狗

邢新荣

我喜欢小动物，尤其喜欢小狗，因为小狗可爱又听话。我们家这只小狗，尤其可爱。

它有黑白相间的毛，黑色的眼睛，长长的尾巴，而且还很聪明。

如果家里来了陌生人，它就汪汪地叫，有时还会咬人。只要小主人回来，它就会开心地摇尾巴；小主人不理它时，它又会不高兴。我播放音乐时，它就会跑过来把手机“抢”走，我就追上去把手机夺回来，并给它说：“你要听话，要听歌就要在这里听。”它就“汪汪”的叫，好像听懂了我的话一样。当音乐放起来时，它就会扭来扭去。

我很喜欢小狗，它们太可爱了！

捉 迷 藏

谢 冰

捉迷藏最能考验一个人的耐力和智慧了。

一天，我和妹妹就玩起了捉迷藏。她捉，我藏。

起初，我像个老鼠似的到处乱跑，怎么也找不到个安全的地方。

正在着急时，我忽然想起有人曾经说过：“最危险的地方其实是最安全的。”对，妹妹的床底下！她一定想不到我会躲到她的床底下！于是，当妹妹数到100准备捉我时，我已在她床下舒舒服服地躺好了。

我侧耳倾听，能真切地感觉到她走进我的房间，动了动椅子，翻了翻衣柜，都没有发现我的踪迹。接着，她走进自己的房间，边进门边自言自语：“哥哥总不能永远躲着吧，我就在这守株待兔。”说完，她一屁股坐在床上，悠闲地晃着二郎腿。

这下可苦了我了，床底下黑黑的、闷闷的，空气里还弥漫着一股尘土味。但为了自己的胜利，我掩着口鼻忍着、忍着。妹妹可倒好，她一会儿躺，一会儿又坐起来，最后干脆拿了一本书大声地念起了笑话，逗得我忍不住笑出了声。

妹妹寻声找到床下，冲着我大声说：“哈，你终于还是憋不住了吧？举起手来，你被捕了！”至此，我才明白，妹妹搞了那么多动作，原来也是与我斗智呢。

记一次探险

李以恒

对于我来说，有过很多次难忘的探险经历，而印象最深的那一次发生在去年暑假。

那天吃过午饭，我和小冉撑着雨伞，冒着蒙蒙细雨去帮助邻居王大娘采兔子草。我们来到河边，一看河水上涨了，怎么办？不能过河去采草了。难道就这么放弃了吗？

正当我们愁眉不展时，忽然看见不远处有一条小船，我高兴得跳起来，小冉兴奋得哼起了山歌。到了小船边一看，没有船帆，不用愁，把雨伞撑开来插到船头，当风帆。没有船桨怎么办？小冉看见河边被洪水冲来的两块小木板，喜笑颜开，拍手说："有办法了，把小木板当船桨。"

于是，我把雨伞撑开来，插到船头，我和小冉每人拿一块小木板，各站在船的一边划船。果然，这个办法真灵，风呼呼地吹，"风帆"胀得鼓鼓的，"船桨"划水好像唱着一曲悦耳动听的划船曲。一个个波浪冲击着船头，船左右颠簸，我头晕晕的，小冉鼓励我说："别害怕，把两脚叉开，站稳。"我按照小冉的方法站稳了脚，继续划船。不一会儿，我们的船穿过了四十多米宽的河面。终于靠岸了。我把船拴在一根树上，俩人蹦蹦跳跳地去采兔子草。

我们采了好一会儿，装了满满的一篮子，哼着歌儿，划着船回家了。到了王大娘家里，我把划船过河采草的经过讲给她听，王大娘夸奖说："你们真棒，自己动脑筋完成了一次小小探险，是个有智慧的小勇士呢！"

失踪的巧克力

孔云辉

我有一盒蓝莓味儿的巧克力，一直宝贝一样珍藏着舍不得吃。直到家里来了两个小客人，妈妈让我拿出来分享。

可谁料到，他俩竟都是"小馋猫"。盖子刚一打开，他们便一拥而上，争先恐后地吃了起来，竟丝毫没有给我留一点的意思。我看得口水直流，恨不得马上加入"战团"吃个痛快。等到"战乱"过后，吃得只剩了两块。我正想伸手去拿，一位小客人抹了抹嘴说："剩下的两块我们分了吃吧。"另一位小客人也开了口："对。可是，三个人怎么分两块呀？不如把它们藏起来，谁找到就给谁吃！"

"我先藏！"我抢着说，他俩一口答应。我左思右想，终于想到了个好地方。果然不出我所料，他俩翻遍家里所有的东西也没有找到，我心里有点沾沾自喜了：哈哈，这两块巧克力看来非我莫属了，你们休想知道它们的藏身之地。两位小客人见找不到只得认输了。我从口袋里掏出了巧克力，得意扬扬地在他们眼前晃了晃。轮到他们藏了，我暗自高兴：家里我最熟悉不过，你们别想瞒过我的"火眼金睛”。不料我把屋子里上上下下“搜索”了好几遍，依然不见巧克力的踪影；翻他们的口袋，他们却并不在意，好像在说：你找吧，你是永远也找不到的。这下我心里可急了。“巧克力，我的巧克力，你们飞到哪里去了？难不成还真的失踪了？”

我像泄了气的皮球：“快把巧克力的隐藏之处告诉我吧，这轮算打平，咱们再来一次。”他们指指肚皮哈哈大笑，原来是把巧克力“藏”到肚子里去了。

“啊！……”我气得直跺脚。

我“哭”出了第一

刘卓群

我这个人，从小就不喜欢哭，因为我是男子汉嘛，男子汉可以流血，但不可以流泪。但是，真要比起哭来，我却谁也不怕。

今天，我和妈妈玩了一个比哭游戏。妈妈规定：不能用唾沫抹湿眼的周围，不能打哈欠。

比赛开始了，为了实施我的秘密计划，我和妈妈背对着背“作战”。

我的行动开始了。第一方案：我把中指和食指伸进嘴里，越往里越难受，裹了将近三十秒钟才见效，可是只挤出一点儿泪。我没泄气，慢慢来，积少成多嘛！第二方案：就是回想妈妈打我的时候我受到的委屈，屁股痛的滋味，还连续使劲地挤眼睛。就这样，我的眼泪艰难地爬了出来。“我赢了！”我高兴地说。妈妈回过头，我看见她眼圈已经红了，但是没流出泪来。

结果当然是我赢啦，我扬扬得意。妈妈笑着奇怪地问：“你是怎么流出泪来的？”我神秘地说：“It's a secret！（这是个秘密！）”

想要哭出“第一”，你得有感情，还要有技巧。

想念你，我的老屋

丁天宇

随着光阴的流转，老屋已渐行渐远。它留给我的，是那一抹抹温馨的记忆……我已阔别老屋五年，原以为童年的回忆不过是一幅经不住岁月侵蚀的水彩画，然而每当我回忆起当初的一幕幕，眸子里，总是闪烁着晶莹。

老屋的可爱源于质朴。普通的墙砖，灰白瓦的屋顶，这便是我所说的老屋了。它朴素得不会吸引旁人多看一眼，就这样默无声息地成为四周建筑的陪衬，敦实地伏在地上，悄然聆听着几代人生命的律动。

老屋虽简单平凡，然而关于老屋的故事却动人心弦……

那是一场罕见的大雪。一夜之间，竟将一切染白。积雪没过门坎，一对夫妇向老屋走去。当时家人闲坐于火炉旁，几声微弱的敲门声打破了沉寂。从那对夫妇紧锁的眉宇中，大家分明看出乞求的神情。没待他们说话，外婆便急忙将他们引至屋内，随后了解到他们因寻人至此，钱已花光，天又下着大雪……外婆是个热心肠，几番思索，终于决定将老屋一分为二，让他们暂住两天。现在外婆已去世，但她为老屋谱写的爱的基调，却血脉相传，从未改变。

像这样的事，老屋周围的邻居们能道出许多，整条小巷便被这些人间的情愫编织成一个和谐的大家庭。

那时，邻居们生活都很节俭，家家都是人口多、收入少，花钱购物总要精打细算，几番掂量。但这样的生活却丝毫没有妨碍邻居们的慷慨。记得有一次，淘气的我将正在烧水的煤炉打翻，顿时火苗蹿起，惊吓中我只剩下了哭……待家人赶到医院时，我已脱离了危险，那次不菲的药费不知是谁付的。只是母亲要还时，他们都只是说："孩子的事，花多少都值，你就别操心了。"直到现在，我们也没找到付钱的邻居。

思绪随着记忆翻腾，我不由自问，老屋为何让我如此牵肠挂肚？只因为它是童年的乐园？我想更重要的是老屋独特的气息，人与人之间淳朴的情谊，每一个人的身上都散发出的善良、质朴、真诚……

哦，想念你，我的老屋！

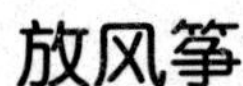

放风筝

春意融融，风婆婆吹着暖暖的风来了。五颜六色的风筝在蓝蓝的天上飞舞着，仿佛在举办一场迎春盛会。

“红靴子”的主人

陆明皓

春光明媚，春风徐徐，广场上多了些放风筝的人。有快乐的孩童，有陪着孩子的家长，还有年轻的情侣……

瓦蓝瓦蓝的天空上飘着许多美丽的风筝，很是赏心悦目，其中最引人注目的是一只“靴子”，它鲜红鲜红的，还系着一条蓝色的飘带，就像一只蓝色的精灵在跳跃。好奇心驱使我去寻找风筝的主人。

在广场的一角，我发现一个坐在轮椅上的老奶奶，她就是风筝的主人。白发苍苍的老奶奶满脸皱纹，穿着一身整洁的衣服。“多漂亮的风筝呀！”我与老奶奶打招呼。“是呀，大家都这么说。”老奶奶露出笑容，脸上的皱纹也舒展开来。我又问：“您为什么要放飞一只靴子呢？”老奶奶紧紧地盯着风筝，兴奋地说：“很久以前，有一位出色的芭蕾舞演员，第一次登台演出时就穿着这样的靴子，那时的她站在舞台上，多么漂亮多么自豪啊！”老奶奶陷入甜蜜的回忆之中，过了好一会儿，才发觉空中的红靴子正慢慢下落，连忙用力拉扯着风筝线，“可现在，一切都成为过去了……”老奶奶呢喃着，眼睛里不再放射光芒，恢复了刚才的平静。

听到这里我好像明白了什么，看着那只当空飞舞的彩靴，它仿佛正牵着老奶奶的心飞回到她年轻的时候，飞回到那旋转的舞台……

放 风 筝

王慧昕

春意融融，风婆婆吹着暖暖的风来了。五颜六色的风筝在蓝蓝的天上飞舞着，仿佛在举办一场迎春盛会。

广场上的人很多。看热闹的、放风筝的挤在一起，汇成了人的海洋。

天上的风筝越来越多了。有涂着红胸脯的双燕在追逐戏耍；有绿色的蜻蜓在眨动着大眼睛；有五彩缤纷的大蝴蝶在空中翩翩起舞……真让人目不暇接。

我站在桥头，抬头仰望，寻找着最美的风筝。随着“呼啦啦”一声响，一条大蜈蚣飞上蓝天。它摇头摆尾地扑打着身边的小燕子，那小燕子像有自知之明似的让开了它。这一来，大蜈蚣更骄横了，好像自己是战无不胜的大将军，它摆动着长长的身躯在天空中飞翔。突然，迎面飞来一条飞龙，它张着血盆大口，颌下的胡须像根根钢针。“飞龙上天了，飞龙上天了！”广场上人群一片沸腾。天空中，蜈蚣和飞龙较量起来：大蜈蚣先用尾巴尖触动了一下龙头，飞龙咆哮了起来，向蜈蚣冲了过去，大蜈蚣急忙闪身，真险！差一点被撞着。接着飞龙又用尾巴甩打，蜈蚣因为身长体大，动作迟缓，斗不过动作灵敏的飞龙，只得让开了。我心想：“这两条庞然大物是怎么放到空中的呀？”想着便向桥中走去。那里有一群人围着一个身强力壮的小伙子，他拉着绳子上下有节奏地抖动，操纵着大蜈蚣。旁边的人们议论说：“这条蜈蚣又长又好看，放到空中去升劲一定很大，要是换了小孩放，准能把他带到空中去呢！”放风筝的小伙子听了这话，心里自然特别高兴。

有喜悦有欢笑，有形象有色彩，风筝牵动着人们的情丝，也放飞着人们的希望……

放风筝的启示

孙福佳

爸爸常常对我说“世事洞明皆学问”，今天，通过放风筝，我真切体会到了这一点。放风筝这么一件看似简单的事，也同样需要不断的努力练习，才可能成功。

一进公园，就能看见了各式各样的风筝在天空翩翩起舞。有机灵勇敢的“孙悟空”，有红色的“大鲤鱼”，有五颜六色的“蝴蝶”，还有凶猛的“老虎”……“哟，放风筝的人真多啊！”我心想。

看！那条“眼镜蛇”正在空中一摇一摆的飞着，长长的尾巴左右摆动，好像在骄傲地说：“这些风筝里，我才是王，谁也别想抢我的位子！”

我也想给他们瞧瞧我的风筝。我的风筝是一只鹰，眼睛瞪得圆圆的，双翅展开，好像随时准备搏击蓝天。

我把风筝线绑在风筝上，再把支撑风筝的架子装上，拿出风筝轴。准备工作完毕，开始起飞！我拿起了风筝轴，把线放出一段后，给爸爸说了一声：“行啦。”爸爸把风筝抛出去，我赶紧向前跑去。正在这时，一阵风刮过，风筝摇摇晃晃地飞上天空，我想让风筝飞得更高些，于是慌忙地放长了线，可惜，关键时刻，风竟然停了。风筝像喝了酒似的坠落了下来。我赶紧收线，可是来不及了，风筝落到了地上。

第一次放飞——失败。

我并没有灰心，准备再来一次。我又像以前一样来了一遍，并吸取了上次的教训。终于，我的老鹰风筝飞上了高高的天空。风筝似乎懂我的意思似的，越飞越高，终于超过了那条“眼镜蛇”。它似乎骄傲地说：“哈哈，现在我超过你了！”

最后天快黑了，我依依不舍地收起了风筝，回家了。

通过放风筝这件事，我懂得了功夫不负有心人，只要不断地努力，即使再难的事也能成功。

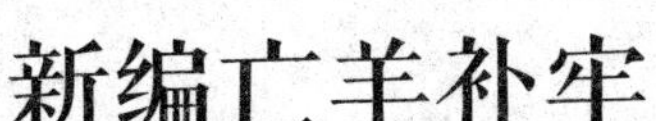

新编亡羊补牢

雷舒寒

因为丢羊损失惨重，他决定不再养羊，而是改种西瓜。

虽然西瓜生长得非常好，可是上面生了许多小虫子。他的邻居都提醒他要尽早去除这些虫子……他想，羊会动，不补羊圈的话会一只只跑掉，西瓜可不会动，啥时候抓虫子不都一样吗？何必现在就理会！

过了几天，他的邻居们又都跑过来提醒他，西瓜地生虫子了，可他依然不听邻居们的劝告。他西瓜地里的虫子越来越多了，他决定等西瓜成熟的时候再一劳永逸，把虫子捉干净。邻居们都纷纷议论：“唉，不听劝告的邻居，真让人感到可惜，真讨厌。”当他西瓜成熟的时候，他摘下来的西瓜，打开里面都是水，还爬了一些小虫子。他后悔了，不该不听邻居们的劝告。

他想亡羊补牢嘛，现在去除虫子还不晚，所以开始认真地去除虫子。邻居们见了，笑嘻嘻地说：“真是亡羊补牢，为时已晚啊！”

陶罐和铁罐后传

加一帆

不知过了多少年，陶罐被认定为一级文物，人们将其供奉在博物馆，每天很多人对着它赞叹、拍照，陶罐成了独一无二的明星。它骄傲得不得了。

又不知过了多少年，有天，一个人捧着似木炭一样的东西来到了博物馆，大家围着那个东西观赏着。陶罐想了想：一个木炭有什么好的，我这么好看、漂亮、优雅，他们竟然会去看一个木炭，它有什么了不起的，哼！

人们把它带到罐子室，把它和陶罐放到了同一个位置。陶罐仔细地打量了这个木炭，原来这个木炭是那年的铁罐，铁罐的五官非常乱，全部生锈了。

“嘿！我的老哥们。”

“你好，陶罐。你可不能像我当年一样骄傲啊，想一想也是后悔啊！”

陶罐想嘲笑一下铁罐，说：“你看你多么的丑，还和我相提并论。”

铁罐怒了，一头砸上去，陶罐碎了，完蛋了。

半途而废的天鹅

胡紫程

在动物王国里，有一只天鹅，颈长身白，飞得高高的，不过，它并不满足于现在，而是想学更多的本事。于是拉着好友山羊去学本领，天鹅学跳舞，山羊学跑步。

过了一阵子，天鹅天学呀学，终于有点像样了。有人又去学唱歌，天鹅也去学了。天鹅的嗓子太粗嘎，终于会发音了。大家又去学跑步，天鹅脚太小，又有一点胖，一跑就绊倒，终于不绊脚了。可是大家又去学跳远，这次天鹅还是去报了，他努力地学，终于比较远了，可是……

天鹅去山羊家做客，山羊一直跟兔子大师学跑步，已经练成冠军了。

天鹅对山羊说：“你为什么不学我呢，我现在都可以算为多才多艺呢。”

“你要听我一句劝，这样做不好呀！”小山羊劝告。

森林奥运会到了，小山羊报了跑步，在跑步比赛上得了第一名，被称为飞毛腿。天鹅也报了名，在武力比赛上被牛先生打伤，牛先生被称为“牛战士”，后来在跑步时，天鹅脚骨折了，现在还在医院疗伤。

这就告诉我们做事要持之以恒，像小山羊一样。不要像小天鹅一样，半途而废，没有主见。

新小猫钓鱼

冯　成

一直无忧无虑的小猫有一天突然发现：天塌了。它的妈妈，老猫年岁过大，体弱多病，已经无法照顾自己了。于是，小猫决定承担养活妈妈和自己的重任。

小猫来到了小河边，它从桦树上拿下来一根树枝，然后用藤条和一个钩子做了一个鱼竿。小猫开始钓鱼了，小猫等了一个小时、两个小时、三个小时……而这天气好像也在和小猫做对，一开始还是个大晴天，突然，秋天的大风吹起来了，秋风像一个狰狞的恶魔一样，用它那巨大的手摇起河水来。

这时，小猫钓鱼的情境更加困难了。小猫见到这种情形，想回到自己的家，那高大而又温暖的大树里面去。可是每当小猫想起在家里面等着做鱼肉汤的老母亲时，小猫便下定决心要抓到一条大鱼。

小猫心中像有一团火一样，马上燃烧起来了。它看着河水，一下子跳到了河水中，过了一会儿，小猫抱着一大堆的大鱼，嘴里还有着一条最大的鱼。

这时，金光四射，太阳出来了。树上满是果实，小猫回到了家中，快乐地笑了出来。

每一天都是新的

孙　静

妈妈告诉我，只要内心愉悦，万物都是美的。如果欢喜的心丢了，再美的生活，也会变得索然无味。

是呢，这正如我们过的每一天，相同的日子因为不同的经历和心情变得不同，每一天都自有它的意义和光辉。所以我说：每一天都是新的!

每一天都是新的。钟表一年到头不停地转动，从不歇息。表针每走一圈，都画出一个新的圆。圆圆叠加，日子便一天天长高，我也一天天长大。春去春又回，雁别雁又归，四季在人间周而复始，更迭往复。寒来暑往，柳青菊黄，似乎只是简单的轮回。其实不然！每一个春天都会给大地涂上一抹新绿，每一个秋季都给人们带来新的凉爽。

每一天都是新的。随着年龄的增加和身体的长高，我获取的知识愈来愈多，我的阅历也愈来愈丰富。每天清晨，我都伴着清脆、悦耳的鸟鸣放声朗读，诵古诗、读英语，遨游在知识的海洋里，日子过得轻松又充实。“腹有诗书气自华”，今天多积累些知识，就能使将来的日子变得更新。

每一天都是新的。大海每一天都从东方托起一轮新的朝阳；朝霞每一天都给大地涂上新的色彩；田里的禾苗每一天都拔出新节；机轴上的纱线每一天都编织出新的织物；实验室每一天都攻克新的难题；伟大的中国人民每一天都创造新的奇迹……每一天，天空都在变蓝、地在变绿、水在变清。每一天，祖国都在变，变得更加富强、更加辉煌！

每一天都是新的，我要以乐观积极的心态迎接每一天的到来，在每一个新的清晨，张开双臂去迎接第一缕阳光和第一丝清风入室……

这个学年，我战胜了胆怯

赵天祥

这一年我受益匪浅，因为我逐渐战胜胆怯——成为一个勇敢的人。

记得刚来学校，一切都显得那么陌生，父母走后，我怯怯地坐在自己的位子上，看着别人三五成群地凑在一起玩，我多么想凑上前去，可是我还是害怕，不敢跟任何人打招呼。随着时间的流逝我越来越孤单，不争气的泪珠嘀嘀嗒嗒往下掉，就一直到了晚自习，还是热心的同学们主动跟我打招呼，找我玩。他们还对我说：“男子汉大丈夫哭什么，要做一个勇敢、坚强的人——”听了同学们的鼓励，从此我再也没哭过。

我记得，因为我胆小，老师提问时我总是把头埋得低低的，好像害怕老师看见我。课下时同学们问我为什么不敢举手发言，我说：“害怕回答错了。”同学们对我说：“错了又怎样，至少你敢于回答，你不是一个胆小鬼，你要做一个勇敢的人，上课老师提问时，你要大胆发言。”于是我鼓起勇气举手发言。

我更记得那是一次跑步比赛，全班同学都说我跑得快，让我参加比赛，我却不敢，我强烈推辞，可是体育老师也让我参加。放学后，我一个人独自在教室里伤心，这时老师进来了，老师笑着说：“同学们推荐你一点也没错，你跑得不快吗？”我说：“可是我还是有些害怕。”老师语重心长地对我说：“越害怕你越应该锻炼，如果这不是一场运动会，是你人生道路上的困难，你依旧害怕，那么你还能过去吗？你要学会勇敢，只有你勇敢了，困难才会向你低头。一个勇敢的人应该无所畏惧，勇往直前。”老师的话使我心有所悟，下定决心参加运动会……

现在想起来我与刚来时可谓天壤之别。现在，课堂上有我高高举起的手；教室里有我响亮的回答；运动会上有我飞奔的身影。这一学年，我的“海拔”升高了，我知识的行囊越来越丰盈了，我也越来越勇敢地向困难与挫折发出挑战。我不再胆怯了，我变勇敢了，我不再是原来的我了。

最漫长的等待

罗依然

我这辈子最漫长的等待，要数在医院里等姑姑家的儿子，我的弟弟出生了。

那天晚上，我和妈妈去看望姑姑。听妈妈说，姑姑家就要添一个新成员了。刚一起吃过晚饭，还没有收拾完锅碗，姑姑忽然“哎哟”一声捂住肚子，妈妈急忙叫上姑父和姑姑的婆婆，把姑姑送到了医院。

这是我第一次陪别人去医院，虽然自己没事，但看着妈妈焦急地走来走去，我也特别担心姑姑。医生不时地进来检查，每次都说：“还要再等等。”这可把我急坏了。等！等！要等到什么时候呀！

好不容易看见姑姑被送进了产房，我听着妈妈对姑父说，再等等吧。我更着急了，为什么还是要等？我看姑父目不转睛地盯着产房的门，背上的衬衫都湿透了。他一定比我更着急吧，等待，还真是辛苦。姑姑的婆婆也在不住地念叨着：“菩萨保佑，菩萨保佑……”

我第一次发现，原来还有时间比我考试的时候更难熬。我的心里七上八下的，像小大人一样背着手，总担心会发生什么事。随着姑姑那撕心裂肺的叫喊声，妈妈一把把我拉过去，拍着我的头，像是对我，又好像是在对姑姑说：“别怕！别怕！一切都会好的！”

“哇……”一声响亮的啼哭令我们呆住了，好一会儿大家才回过神来。我一跃而起，这下不用等了！果然，我看见医生出来了，她笑着对我们说：“恭喜恭喜！生了个大胖小子。母子平安！”这时，妈妈和姑父才都长长地舒了一口气。

啊！这真是漫长的等待，不过，结果是好的，这等待是值得的。

买菜初体验

王　慧

在我的印象里，已经有很多第一次，第一次做家务，第一次给妈妈端洗脚水，第一次考满分，而印象最深的，就是第一次买菜了。

那天早上我在家里，妈妈让我去买菜，当时我心想如果我没买对，妈妈会不会打我呢？妈妈给了我十元，并且给我说买二元的小豆芽和三元的花卷。

我出了家门走到菜店，给卖菜的奶奶说：“奶奶！拿二元的小豆芽和三元的花卷。”我给老奶奶十元，我想应该找五元吧！于是，老奶奶给我找了五元。

回到家里，我给妈妈看我买的东西，妈妈看了一下，都买对了。我还给妈妈看了找的钱，找的一分不差。

通过这次买菜，我懂得了：只要迈出第一步，就没有办不成的事。

不以成败论英雄

杨子鑫

学校运动会开始了，我信心满满地报名参加了乒乓球比赛。赛前，老师怕我们紧张，就说：比赛并不是以成败来论英雄，只要努力了，尽力了，比什么都强。

果然，早上我一来教室，看到了报名参加比赛的同学个个神情严肃，有的在盘头发，有的在整理自己的服装，还有的在挂编号，脸上都写满了紧张。

中午离运动会只剩下三十分钟的时候，他们个个神情严肃，跑步的运动员，一会儿弯弯腰，一会儿压压腿。

运动会开始啦！首先上场的是乒乓球比赛，教练开始点第一组上场的选手了，教练点到我了，我心里美滋滋的，甲方乙方已经开始热身了，他们一会儿揉揉腿，一会儿搬搬肩。

教练拿起哨子，猛地一吹，开始比赛了。首先是我发球。我弯着腿，左手托球，右手拿拍子，这时我心里在想：我到底该怎样才能让她接不住球呢？这先把球往出一扔，再猛地一拍，我凝视着发出的求球，对方也凝视着球，准备“接招”，教练一脸严肃，他的眼睛也盯着球。观众们在底下的议论声快要把天花板掀起来了，突然，乙方来了一个斜球，可惜我没接住。赢了的人，把欢喜带给他的同学，我却哭了，心里在想：没关系，下一次我一定要赢。

这次运动会结束了，让我明白了失败没关系，下次努力了，比什么都强。下一次，我一定是成功的英雄。

一场足球友谊赛

黄　琰

在学校，除了日常的学习之外，我们还有丰富的文化、运动娱乐，这不，今天我们要和隔壁班切磋球技，踢一场足球友谊赛。

只见我方队员压压腿，拍拍肩。随着裁判的哨声响起，我们啦啦队大声欢呼，我方队员先出击。队员们左踢一下，右踢一下，前踢一下，后踢一下，比赛非常激烈。观众群里说着："反击啊，赶紧啊，呀！这球太好了，继续加油！"队员们听到这种欢呼声，踢得更激烈了。

我方队员为了让另一方踢球队员摸不清方向，那里踢一下，这里踢一下，但另一方队员已经知道我们的计谋了，时刻观察着球在哪，不让射门进球。我方队员已经知道这种计谋不行了，又用调虎离山计吸引对方防守队员，对方甚至连守门员都跑了出来，此时而我方队员趁机而入。

最后，我们赢了！我们的啦啦队在欢呼，而另一方却在垂头丧气，有的女生还在哭泣，真是"一家欢喜，一家悲"呀！

绿豆糕争霸赛

张林祺

绿豆糕争霸赛？没错，你没有听错。因为比赛的奖励就是绿豆糕一盒。至于怎么比，当然要与众不同啦！操场人太多，不去，足球太累，不踢，我们啊，在室内用手指“踢”球，糖果糕点的包装锡纸作足球，课桌当球场，而我，是裁判。

“咳咳，第一届手指球赛准备五分钟，首先有请甲方，看他那粗壮的手指，防球一定是第一。另一位是乙方，他那细长的手指一定与甲方相生相克。现在，我宣布比赛正式开始。”我激动地说，“预备开始，快看甲方迅速抢球， 乙方似乎知道了他的动机，在文具袋球门防守如山。甲方出球了，乙方迅速接球，可惜落空了，现在比分1：0。乙方重新出球，甲方拦住了球，漂亮！乙方已知会这样，在球门防守。甲方出球了，乙方吃一堑，长一智，把球拦住了，迅速回击，哇！甲方没拦住。比分1：1，现在中场休息。”这时引来了许多同学观看，纷纷称赞甲乙方，说得他们脸都红了。

我兴奋地说：“休息结束，这场谁能得到了分，谁就是这届比赛得到绿豆糕的人。现在开始！”好多围观的人都在给甲乙方加油，甲乙方看起来已有充分的准备了。“预备开始，乙方快速抢过球来，这速度如闪电呀！乙方出球，甲方在球门前迅速拦球，又迅猛地把球射了出去，乙方还是拦截，把球射了出去。比分1∶2，乙方得一分。甲方没有放弃漂亮的回击，这时乙方没有反应过来，甲方又得一分，2∶2平局。最后一球了，谁才是本届赢家呢，重点就这了。乙方射出了回旋踢，甲方回击了，而且还是中指回击的，厉害！乙方一踢空，3∶2，甲方胜利！这场比赛真激烈呀，甲方将获得绿豆糕。”

虽然乙方输了，但是甲方乙方平分了吃的，还玩得很高兴。下周我再玩一次，也让观众们高兴一下。

团结就是力量

李　慧

今年夏天，一年一度的拔河比赛来了。我们班高唱“团结就是力量”，一路披荆斩棘，勇夺冠军。

第一场由三（5）班对战三（2）班，我们都目不转睛地观看着比赛。裁判哨声一响，三（5）班的所有同学都铆足了劲向后拉。三（2）班的同学都被他们这强大的阵势惊呆了。三（5）班的同学趁此机会使劲一拉，就轻松地战胜了三（2）班。

第二场是我们班和三（7）班比赛。三（7）班的人看起来都很强壮，看上去很难对付。在比赛过程中，我们发现其实三（7）班并没有我们想象中的那么厉害，他们超级弱，总共用了30秒就赢了他们。

经过几场比赛之后，我们班和三（5）班进入了决赛。面对这样厉害的对手，我们感到害怕。但是我们想到团结力量大，只要团结起来就能战胜一切。我们都信心满满地上了比赛场。我们借鉴之前赢比赛的经验，使出全身的力气并伴随着“一二、一二”的口号声向后拉。最后我们终于赢了三（5）班，获得了第一名。我们都高兴地跳起来了。

这次比赛让我懂得团结就是力量。

足球比赛

梁浩明

天空是那么明朗，操场边挺拔的小白杨在风中摇曳着美丽身姿，仿佛在为即将到来的精彩比赛喝彩。

我们分成两队，我和杨泽文、于凡等是红龙队，张博和姚一舟、杨健等是绿鹏队。

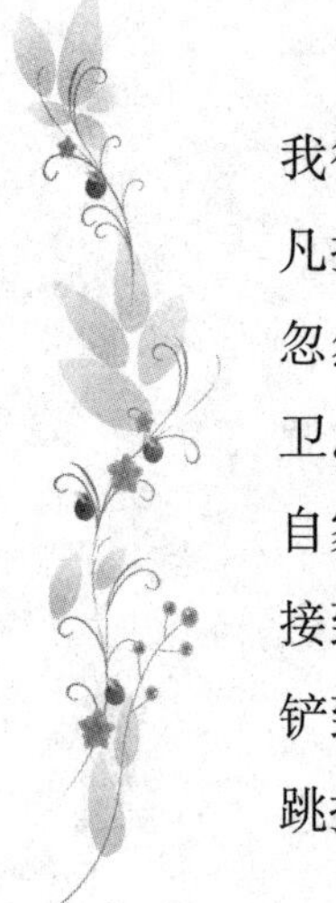

开哨声响了，红龙队开球，杨泽文把球传给我，我看见于凡离我很近，就传给了他。对方几名后卫马上跑过来，把于凡围住了，于凡把球回传给我。这时我们已经到了对方禁区，我正准备大脚远射，忽然杨泽文大喊一声：“梁浩明，别远射，传给我，我这里没有后卫。”我立马把球传给他，没想到对方守门员听到喊声早有准备，从自家球门飞速跑过来，把球踢走了。我赶快往回跑，对方前锋杨健已接到球，准备远射，我立刻抽脚铲球！只听见观众一声喊：“漂亮！铲到了！”杨泽文接到球，快速向对方球门跑去，到了对方禁区，像跳探戈舞似的连过对方几名后卫。杨泽文起脚射门，球打在门柱上，可球一弹，飞进了对方球门里，我们都欢呼起来。

足球在脚下滚来滚去，场外的小伙伴挥舞着红色和绿色的旗子大声呐喊……

下半场一开始，对方就制造了一个点球，可惜打高了。我队也有很多机会，可对方守门员实在是太勇敢了。

比赛结束，红龙队以1：0小胜绿鹏队。我们高兴得蹦了起来，也为对方的拼搏精神喝彩。双方队员紧紧拥抱在一起，欢乐的笑声传遍了整个校园。

记一次难忘的运动会

张　旭

每年八月，我们学校都会举办秋季运动会，但只有今年，是最令我难忘的，因为我得了五百米跑比赛的冠军。

早晨，我们早早地来到了操场整队，同学们都站得笔直。这时校长来了，他站在主席台前，郑重地说："下面我宣布，秋季运动会正式开始！"话音刚落，会场就响起了热烈的掌声。

首先举行的就是五百米跑比赛。哨声一响，选手们便像箭一般"嗖"的一下冲了出去。一开始由于我反应比较慢，所以跑在最后，但慢慢地我凭借自己的速度和耐力，逐渐追了上来，在只剩下五十米时，我深吸了一口气，用尽全身力气，像一头豹子扑向自己的猎物一般冲到了终点，我听到全班都拼命在为我呐喊鼓掌。

跑完五百米，我来到其他赛场为运动员们加油！

先看跳高赛场。你看那个选手像燕子一般掠过了竹竿，而且还做了一个非常优美的动作，大家都为他的出色表现而鼓掌；再看那位同学他试了一次没有成功，第二次总算是跳了过去，可他的滑稽动作却惹得大家哈哈大笑……

再去看看会场，有的同学在说悄悄话，有的在高兴地向其他同学诉说着比赛的经过，有的在悄悄地哭泣，有的在向对手“挑衅”……班主任不停地安慰着这个，鼓励着那个。

当校长宣布颁奖仪式开始时，我们都很激动。当他说到五百米跑冠军是我时，我们班再一次高兴地跳了起来，就连我们的班主任也去掉了往日严肃的面孔，直向我伸大拇指。每一个获奖的同学也高兴地跳着喊着，整个操场一片沸腾！直到校长宣布比赛结束时，我们都还沉浸在运动会的欢乐之中！

奔跑吧，友谊

张严宇

又是一个星期六，目标：学校操场！我和小伙伴们蓄谋已久的“跑男”大战，终于要开始啦！

第一个游戏是“你逗我笑”。两队各派出一人，一个人逗另一个人笑，如果另一个人一场都没笑就加一分。如果一个人可以哭就加两分，得高分者获得胜利。

我队先派出我们班的“笑神”来应战，对方派出“冷漠冰山”。“笑神”摆弄着他的脸，挑眉、噘嘴、龇牙，做出的鬼脸一个比一个好笑，旁观的人都被逗得捧腹大笑。“冷漠冰山”却一动不动，酷似睡着了。“笑神”一怔，出了个“必杀技”讲笑话，“冷漠冰山”顿时成了一个“爆发的火山”。最后三比二，我方胜利了。

马上就要撕名牌比赛了，两队对员各个整装待发。“开始！”我一声令下，两队队员躲的躲，藏的藏。只听到“嘶”的一声，一张名牌下来了，是谁的呢？原来是我方“笑神”被“美人计”俘获了。“马一宝淘汰”。“嘶”又一个？谁呀？原来是对方的女将被撕。“哇！女孩你们也下手，太狠了。”平时在学校称王称霸的女生，今天竟然第二个被撕了。

大家都玩得十分开心，因为我们知道：不论输赢，友谊万岁。

我是冠军

魏　喆

今年的校运动会，我成功地获得了八百米赛跑的冠军，在我看来，这个冠军，是我和全班同学共同努力的结果。

比赛前，还没开跑，就听见两边的啦啦队都扯着嗓音为我喊道：“加油！加油！”这时我的心里更紧张了，我暗暗告诉自己：我一定可以的！开始比赛了，我像箭似的飞速向前冲。啊！一不小心，我摔了一跤，大家都向我前面冲，而且你争我赶，比赛似乎进入了白热化阶段。可是我并没有放弃，站起来飞快地向前冲。这时啦啦队叫得更起劲了，我不能辜负同学们对我的希望。我又加了一把劲，使劲全身的力气向前冲。我终于获得了第一名，我非常开心！站起来欢蹦乱跳，高兴得不得了！啦啦队也赶紧跑过来，抱起了我！

今天的比赛让我明白了同学们的热情和友好。因为在我落后时他们并没有歧视我，反而还鼓励了我。我非常开心！因为我没有辜负同学们让我夺冠的希望。所以，今天我真的十分开心！

难忘的一夜

于一凡

这是我第一次独自在家过夜，也是令我难忘的一夜。

外婆有急事回家了，爸爸出差去了，妈妈也要上夜班。我理解大人的辛苦，可是看着天空慢慢地被一层黑幕遮住，心里还是忍不住紧张。

我先是蹑手蹑脚地去检查门窗是否已经锁好。然后拿出课本，努力保持镇静，开始做作业。但是我很害怕，一会儿想会不会坏人来抢劫，一会儿又想会不会出现外婆故事里讲的那些妖魔鬼怪。心里越想越害怕……

作业完成了，虽已到了我每天上床睡觉的时间，但我怕，就坐在沙发上看电视，并把音量放得很大。我想让电视节目把我脑子里的怪想法全部冲掉。但是没什么用，心里总想着一些鬼怪的事情，虽然我听老师讲过世界上根本没有鬼怪，但一想起来，心里仍忐忑不安。过了一会儿，眼皮挡不住瞌睡的诱惑，渐渐不听使唤。心想：睡觉去，没事的。刚钻进被窝，偶一抬头，忽然看到窗外有人影不断地摇摆，吓得我躲在被窝里用被子把整个人包了起来，身子不禁筛糠般地发起抖来。我努力用老师讲过的话让自己镇定下来：要相信科学。这世界上没有鬼怪，我为什么要怕？我鼓足勇气从床上爬起来，打开灯，细细看，哦，那不是妈妈早晨洗好晾在阳台上的衣服嘛，妈妈交代过，可我竟然忘记收了。就这样，拥着还带有洗衣粉的清香的衣服，我慢慢进入梦乡。

清晨醒来，窗外和煦的阳光照在我身上，我检查一下自己，没有缺少什么。妈妈走到我身旁关切地问："昨晚睡得好吗？"我摇摇头又点点头，没说什么。

我知道我成长了……

无惧挫折，花开不败

徐　婧

从教室走出来的时候，我觉得天都要塌了，周围所有人的目光都好像一把把利剑，扎得我抬不起头来。

这是我第一次遇到无情的挫折：我的语文只得了43分。我整天愁眉苦脸，一点儿精神也提不起来。放假了，妈妈关心地问："婧婧，上学期成绩如何？"我心灰意冷地答："唉，别提了。"妈妈看了看我，心里已明白了八九分。

那天晚上，她来到我房间，见我躺在床上对着墙发愣，便语重心长地说："生命是一朵常开不败的花，挫折是滋润花的养分，只有经历过挫折的人生才是完整的人生。没有养分滋润的花迟早是会枯萎的。"

听了妈妈的话，我想，是啊，俗话说："世上无难事，只怕有心人。"于是，我充满自信地对妈妈说："这点挫折不算什么，我要重新扬起奋斗之帆。"从此以后，妈妈帮我订出了复习计划。不管作文多难写，我都坚持着。新学期开学不久，我的一篇作文被老师当作范文在班上念出来，我别提有多高兴了。

看着越来越高的分数，我想，这是努力奋斗的结果啊！假如说挫折是一篇难写的"文章"，我已经成功地"写"出来了。现在的我，应该积蓄力量为新的目标而奋斗。无惧挫折，自然就能花开不败。

地球妈妈的忠告

在远古时期，大自然是多么美丽，那里有清澈的河水、连绵起伏的山脉、充满生机的春天；有让世界充满活力的夏天、硕果累累的秋天、冰雪世界的冬天。而现在只有满是沙土的河水，有被夷为平地的山脉；有死气沉沉的春天，让人厌恶的夏天，枯黄枝叶的秋天和雪花不飞舞的冬天。

外婆家的小菜园

杨驰野

我随着爸爸妈妈从乡下搬到了城里，离开了爱我的外婆和那片土地，可我很怀念外婆和外婆家的小菜园。

外婆十分疼爱我，我也很爱外婆。外婆那时已经六十多岁了，满头银发，脸上布满了皱纹。

外婆十分勤快，从早到晚都在忙碌着。但是不管再怎么忙，她总是要带我上她的菜园里去瞧一瞧、玩一玩。在我的记忆里，她那片菜园的四周都围着篱笆，它们高的高、矮的矮，一点儿也不整齐。她的菜园里种着各种各样的蔬菜。

每当春天来临时，外婆都忙着播种。过不多久，那些种子就长出了绿色的小芽儿……它们只是两片嫩绿的小叶子，风一吹，就随风摇动，十分可爱。菜苗稍大点儿后，每天早上外婆都要去菜园里捉虫子。外婆常对我说："人呀，就应该勤劳。"有时候外婆还会边捉虫子，边给我讲一些生动有趣的故事，这也是我最高兴的时候了。

秋天的菜园就像我们老师手里美丽的画，肥肥胖胖的白菜在卷心，韭菜绿生生的，茄子紫得发亮，西红柿红彤彤地直晃人眼睛，还有成双成对的蝴蝶在金黄的菜花上翩翩起舞……

小菜园的篱笆上每天都会有几只又大又肥的大豆虫，它们有的是绿色的，有的是灰色的。只要让外婆看见，它们就成了那些可爱的小鸡的美味。那个时候，我还小，十分调皮，常拿小棍子把它们弄下来，逗着玩儿，开心极了。

和外婆在小菜园里度过的日子可真幸福呀！

农耕乐园的秋天

于亚茹

每到秋天，我都喜欢学校带着我们去农耕乐园，因为在那里，我能见到很多学校看不到的东西，感受和学校不一样的美。

每一次跟着老师来到农耕乐园，都赶上庄稼、果实成熟，到处是一片丰收的景象。

我看到的水果又大又红，长在高高的树上，大家可能心中都有了答案，那就是苹果。我很调皮，一下爬上苹果树，摘下一颗最大的苹果，吃了一口。你们猜猜这是什么味道，猜不到我就告诉你们吧，那个味道美极了，甜甜的，吃在嘴里，甜在心里。

我继续向前走着，嘴里还吃着苹果，我听到了黄色的树叶的“当当”的声音，我本来很不喜欢落叶，可是我看它好像在说：“小姑娘你好漂亮呀！”我非常高兴。

我还知道一种蔬菜叫做茄子，这种蔬菜有着紫色的棉衣，它的味道很好，不信你可以买来吃一下。

我喜欢秋天的果园，也喜欢秋天的果实，我更喜欢秋天的景色。

我爱美丽的家乡

黄　赛

从我懂得用文字来表达思想，记录情感以来，就一直在期待，我该用怎样的美好的文字来描述我美丽的家乡呢？好像无论怎么说，都不足以真正展现她的美丽。

春天，我的家乡处处充满生机，小草从土里探出头来，树木长出长长的枝条和鲜嫩的叶子。小燕子从南方飞回来，叽叽喳喳地叫着，好像在说：“大家好，我从南方回来了。”

夏天，我的家乡大树浓密茂盛，可以为我们遮住火球似的大太阳。小河里的水缓缓地流着，小鱼在里面欢快地游动着，青蛙也呱呱呱地叫着，家乡的夏天宁静又美好。

秋天，我的家乡就更美了。水果成熟了，苹果微笑着被人们摘下来。橘子柿子，你挤我碰，争着让人们去摘呢。

冬天大雪飞舞着，飞到大树上，给大树穿上一件雪白色的衣服；飘到了地上，就像给大地铺上了雪白的地毯，还可以让我们堆雪人，打雪仗，好玩极了。

我的家乡真美啊！我爱我那美丽又可爱的家乡。

家乡的小河

张思语

昨天，我梦到了家乡的小河。家乡的小河是什么样的？让我来细细地向你道来。

我梦到自己来到小河边，我看见小河水平如镜，好像都不在流动。小河真清啊，清得可以看见河底的沙石和在水中嬉戏的鱼儿们。小河真绿呀，仿佛一块翠绿的宝石，在阳光的照耀下显得更加翠绿了。水中的荷叶就像在水中的大玉盘一样，荷叶也绽开了笑脸，身穿着粉红色的衣服，头上戴着一个发卡，似乎是一位亭亭玉立的少女。

小河上方还有一座石桥，上面刻着各种各样的图案，有的是双龙戏珠，有的是小狮子，有的是万马奔腾，石桥的下面还不时有木船驶过。

小河旁边上的柳枝像细长的辫子一样，一阵风拂过，柳枝就开始翩翩起舞了。草丛中一阵阵花香让我陶醉了，一只只美丽的蝴蝶在花丛中跳着新编的舞蹈，看得我眼花缭乱。勤劳的蜜蜂在花丛中采蜜，草地上的蟋蟀也拿出了他们的琴弓，欢快地拉着。口中也不停地哼着调子，树上的鸟儿也愿意一展歌喉，叽叽喳喳不停地叫着，这几种声音融合在一起，像是一首动听的乐曲。

这就是我的梦，家乡的小河，只会比我的梦里更美。

我爱你，美丽的秋

张 辉

秋天的美景，不在学校，而在妈妈带我去的果园，我爱那果园里美丽的秋。

我一蹦一跳地跑进果园，顿时，一阵瓜果的清香调皮地钻进我的鼻孔，苹果披着美丽的红裙子，金灿灿的梨在枝头争先恐后，你推我挤，谁也不让谁。都盼望着人类早点儿把它摘走。红玛瑙似的葡萄闪耀着圣洁的光芒。

走进田野，成熟的稻谷低着头好像在告诉我们要谦虚，金黄的小米吮吸着地里的营养，玉米露出了金黄的牙齿，大豆长出了又白又胖的身子。一切都是那么的美好。

一阵风吹来，飘来一阵清香，远远望去，桂花娇滴滴的，浑身散发出沁人心脾的香味，菊花伸展腰肢，露出淡淡的笑容。

秋天的美景说也说不尽，写也写不完，如果你们有机会就去跟随“秋姑娘”的脚步，慢慢浏览、欣赏。

我爱你！美丽的秋。

秋天在哪里

胡世豪

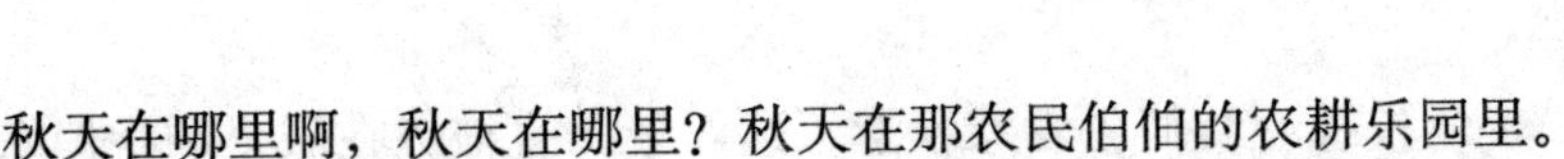

秋天在哪里啊，秋天在哪里？秋天在那农民伯伯的农耕乐园里。

果园里，瓜果飘香。苹果树上，红彤彤的大灯笼挂在树上，照亮了四处的黑暗；梨树上，一个个大梨子都像大葫芦似的，里面装满了水，一成熟就会喷出来；橘子树上，黄澄澄的橘子上面有许多“通风口”，好像他很热似的。

菜园里，处处都是农民伯伯的“笑脸”。地上那绿油油的大白菜，一个个被农民伯伯养得又肥又嫩；又红又大的辣椒，好像马上要爆炸似的；紫得发亮的茄子，又细又长。

田野里，落叶给大地穿上一层黄大衣，让大地保暖。绿油油的草地让人不禁地想蹲下来摸一摸。山边的小溪，冰冰冷冷的，像很孤单似的。终于她的好朋友来了，那就是连绵起伏的群山，倒映在湖面上，陪伴着他。

秋天就在这里，我真不想让这五彩的画离开。

秋游小记

张鹏坤

学校组织我们去农家秋游，这对于一直被关在城里的我们来说，简直是天大的惊喜。我要用自己的笔好好记下秋天。

老师带我们去了田野，田野里有非常多的蔬菜，紫莹莹的茄子，火红的西红柿，还有金黄色的稻海……田野里一片金黄，真是美极啦！

然后，老师把我们带到了美丽的花园，花园里的花比田野里的蔬菜还多，火红的月季花，黄又小的桂花，各色花儿争奇斗艳，让人沉醉其中，无法自拔。

最后，我们来到了果园，各种水果悬挂枝头，让人垂涎欲滴，一阵风吹过，发出“沙沙沙”的声音，好像是诱人的果实在说：“小朋友，你们快来吃我吧。”果园里的苹果又大又圆，像一个个红灯笼，引人入胜。梨吃起来又脆又香，葡萄酸甜可口，柿子又软又甜，这“香喷喷”的果园，让人眼花缭乱。

我喜欢这秋游，我喜欢这美丽的秋天。

我成了一家之主

张　慧

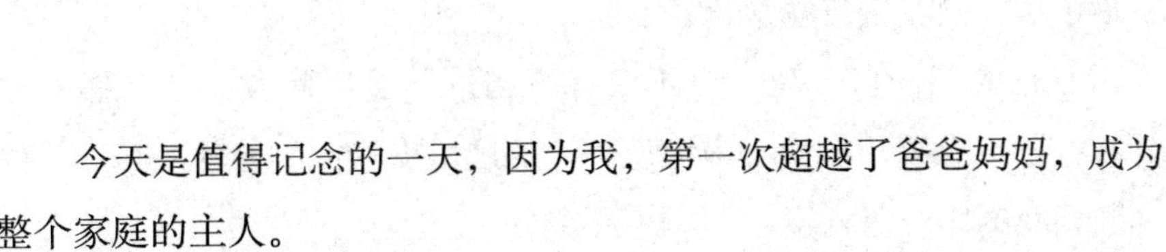

今天是值得记念的一天，因为我，第一次超越了爸爸妈妈，成为整个家庭的主人。

虽然说只有一天，但我还是很高兴，因为终于可以体验一把当家长的生活了，哈哈。

一大早我就从床上爬起来了，按照我平时的观察，第一件事，先去菜市场买菜！

攥着钱，我一溜烟跑到菜市场，哇！真是人山人海，好像连点空隙都没有。我憋足了劲儿往进挤，好不容易才挤到一个菜摊旁："土豆一斤多少钱？""八毛！"摊主答道。我背起手，装着大人的样子说："太贵了，七毛卖不卖？""不行呀，我七毛进的！""不卖我走了。""好，卖给你。"摊主忙叫住我给我称了一斤，我付了钱笑眯眯地走了。我又来到一个卖西红柿的摊前称了一斤，带着我的"战利品"哼着小曲儿回家了。

买好了菜，下一步当然就是做饭啦。这当然难不倒我这个"中华小当家"！我先把米焖到锅里，便开始做菜了。洗土豆，然后一切两半，"呀，里面变黑了！"我喊起来。剩下的两个也都切开，全部都是黑的。我顿时像只泄气的皮球，坐在椅子上，菜都坏了，还怎么做饭!

“怎么了？”妈妈进来一看，说：“扔了吧，妈妈再去买一斤，别难过！”过了一会儿，妈妈把菜买回来了，我还是情绪低落，出师不利啊。

“快做吧！乖儿子，我可饿了！”妈妈打趣道。我又振作起精神，洗菜、切菜、倒油。等油热了以后，我把已经切好的肉丝（肉丝是妈妈切的，我实在切不动）、土豆、西红柿放进锅内，一边炒一边放佐料，弄得我手忙脚乱，一没留神，土豆炒得有些焦了。我只好盛在盘子里，硬着头皮端给爸妈尝。

爸爸尝了一口，说：“不错，不错。”然后问我，“这黑的是什么？”“土豆。”我心虚地说。“那这块皮呢？”爸爸又问。“番茄”，我的声音更低了。

爸爸笑了起来。我急了，说：“你别笑了，我是第一次做嘛。”这时妈妈已盛好米饭走进来了。我早已饿得肚子咕咕叫了，抓起筷子大吃起来，嘿！真香呀！

只是做饭，竟然这么难，一家之主，还真的不好当啊。

我的短暂“生意”经历

赵文青

我的爸爸是生意人，妈妈也是生意人，他们老想着，让我也成为一个生意人。

一天，爸爸对我说：“从明天开始，你就退学帮我做生意！”

一听这话，我的心为之一颤。我放声大哭，央求爸爸不要让我退学。这时，妈妈端着碗面进屋来，我急切地求她替我向爸爸说说好话，不要让我退学。可妈妈一副无所谓的样子，摇摇头说：“你就依了你爸吧。”说完把面塞在我手里，含泪走了。连平时最疼我的妈妈也让我退学，我又气又急，将面摔在地上，整整哭了一夜。

转眼间一周过去了。在退学的这段日子里，我好羡慕背上书包去上学的孩子。

一天，送货的人运来十五箱饮料，爸爸就让我帮他卸货。正巧有位老大爷来买饮料，我打开箱子，突然发现食品没有生产日期，没有生产地址，没有合格证。记得老师以前讲过，这都属于不合格的产品。我急忙告诉爸爸，爸爸立即抓住那位贩假货的人，可他怎么也不承认，我走上前，滔滔不绝地将老师讲过的“三无产品”一一说出来，惊得那位货主目瞪口呆。

事后，爸爸问道：“你从哪知道这么多？”“书本里。”爸爸愣住了，许久才清醒过来：“今天若不是女儿认出了假货，这借来的几百块钱就全泡汤了，还要遭众人责骂。”

晚上，爸爸来到我的房间，后悔莫及地说：“是爸爸无知，让你退学。现在我才明白，学知识有多重要，不能做我这样的睁眼瞎，你明天还是去上学吧。”“真的？”我实在不敢相信自己的耳朵，就狠狠地揪了自己一下，生疼生疼的。我欣喜若狂，连忙亲了爸爸一下。“除此之外，我还要奖给你一支钢笔，希望你好好学习。”听了爸爸的话，我一蹦三尺高：“您真是世界上最好的爸爸！”说着又吻了爸爸一下。在门外偷听的妈妈笑盈盈地走进来，指着爸爸说：“你这老头子……”

爸爸哈哈大笑起来，我也高兴地笑了，爽朗的笑声传出了农家小院，飘荡在深邃的夜空中。

“改革”入我家

刘新宇

爸爸是个政治老师，他老喜欢在家里也搞政治那一套，说自己是“改革家”。

这不，在我八岁生日那天，我没有迎来我的生日，我家却迎来了一系列改革！

第一项改革：在家中破“三铁”。所谓“三铁”，一是打破妈妈在家中独包家务的“铁饭碗”；二是打破我衣来伸手、饭来张口的“铁交椅”；三是打破我每月拿零用钱的“铁工资”。看到我的种种特权都被限制了，我心里可不大高兴。妈妈又宣布了第二项改革方案：聘我在家里打工，每次完成任务就付两元工资。我一听，心想这还不容易，于是我二话没说就答应了。

第二天，作为“小小打工仔”的我就开始在家里打工。吃完中午饭，我要收拾桌子了。望着桌子，我束手无策：是先把碗放进水池呢，还是先擦桌子，还是先洗碗？我看着一旁似笑非笑的妈妈，嘟着嘴说：“妈妈，您教我，我来做。”妈妈让我先把碗放进水池，再擦桌子，然后洗碗。由于这是我第一次做，干起来顾了东，忘了西。终于忙完了！我一屁股坐在沙发上，咳，累死人啦！真不知道妈妈平时是怎么干的。

过了几天，我做家务就熟练多了。我先把碗放进水池，再擦桌子，然后洗碗，最后，我还把溅在白瓷砖上的油污擦掉。妈妈看着我有条不紊地完成了任务，在一旁欣慰地笑了。

一个月过去了，结算一下我的收入，已有一张“毛爷爷”了，比平常的零用钱还多呢！我尝到了打工的甜头。当妈妈问我假期还打不打工时，我说：“当然要打，不过……我免费服务！”

“哈哈哈！”家里传出了欢乐的笑声。

生活处处是知识

闫佳音

暑假的一天晚上，我们一家三口坐在阳台上乘凉，天气是那么闷热，还有那可恶的蚊子，在耳边嗡嗡地叫。

“啪”的一声，吓了我一跳，原来是爸爸在自己的大腿上打死了一只蚊子，我突然发现，原来爸爸最受蚊子的“欢迎”。

我把这一伟大发现告诉了妈妈，妈妈开玩笑说：“你爸吃得那么胖，蚊子当然喜欢叮他。”

“蚊子也喜欢吃胖子吗？这不科学。应该和我的血型有关。”爸爸说。

我连忙举手说：“不对，不对，我和你血型一样，为什么我不被叮咬呢？”

爸爸看着我，笑着说：“那你想一想，还有什么原因？”。我背着手绕着爸爸妈妈走了一圈，突然发现妈妈和我穿的都是白衬衫，而爸爸穿的却是黑短袖、黑裤子。我高兴地跳了起来："我知道啦！我们的衣服颜色不一样。"我连忙打开爸爸送给我的生日礼物：《问不倒小博士》这本书，仔细翻阅起来。啊，找到了！原来蚊子喜欢弱光，而不喜欢强烈的光线。穿黑衣服的人，光线较暗，适宜蚊子的生活习性；相反，白色衣服反射的光较强，对蚊子就有一定的驱赶作用。所以，蚊子喜欢叮穿黑衣服的人而不喜欢叮穿白衣服的人。

我拿起书读给爸爸妈妈听，爸爸摸着我的头，高兴地说："看来，生活处处是知识啊。"

巧"救"足球

郑平威

小威的爸爸是个热心肠，这不，今天他带着小威到文化广场玩遥控飞机，又开始了学"雷锋"。

原来，一个小男孩踢足球，不小心把球踢到了树上，在树下哭鼻子。

小威的爸爸来到小树下，二话不说，抬头看了看被挂在树上的球，两手抱着树干，双脚盘绕着往上爬。那棵小树都被他压得弯下了腰。吓得小威急忙叫了起来："爸爸，要爱护小树！"小威的爸爸说："那足球呢？拿不到啊。"小威眼珠子转了转，高兴地说："爸爸，看我的！"于是遥控自己的玩具飞机，让飞机从树杈中间穿过，把足球顶了下来。

那位小男孩对小威说："哥哥，谢谢你！"而小威的爸爸慢吞吞地从树上下来，感叹道："好儿子，蛮干还是不如巧干啊！"

借我一个星期八

李高照

天空划过一颗流星，我双手合十，向流星许愿祈祷，请借我一个星期八。

我好想有个星期八，哪怕不是每个星期都有的。如果真的有，我一定会好好利用，不去浪费掉任何一秒。

借我一个星期八，我会好好地睡一觉，这样我就不会有黑眼圈了，同学们也就不会再嘲笑我了。

借我一个星期八，我会和父母一起去楼下打羽毛球，减减肥，这样我就不再是个小胖子了。

借我一个星期八，我会玩平板电脑、耍手机、看电视，给自己好好放一个假。

借我一个星期八，我还会继续学习。因为只有学到丰富渊博的知识和高超的本领，充实自己之后，长大后才可以买到很多汽车和房屋来回报自己的父母。

借我一个星期八，我会去中心街吃牛排。因为每次吃了牛排后，我都觉得还不过瘾，所以很想再去吃一盘！

借我一个星期八，我会去金延安玩。因为那里有美食节，在那里我可以吃到任何我想吃的美食。

借我一个星期八，我要去枣园公园玩。让自己沉醉于大自然的美景之中，进而使自己的身心得到更好的放松。

如果流星真的灵验，我一定要完成以上说的所有愿望，真的很想有这样一天的存在！

第一次西红柿炒蛋

翟世界

有没有想过，当有一天，你饿着肚子，却发现家里空无一人，只有你自己，你该怎么办？

我就心想：那我自己做饭好了。我向厨房走去，想吃什么好呢？吃西红柿炒鸡蛋吧！

我拿了两颗西红柿，几个鸡蛋，然后开火。先把西红柿切成一小块一小块的，然后把鸡蛋打碎到碗里。接着，往锅里倒了一点油，把西红柿也放到里面，后面再把鸡蛋也放到锅里面，又放了一点儿盐。开始炒菜了，炒完了，我把炒好的菜放到一个碗里。我吃着自己做的菜，真是美味极了。

吃完了香喷喷的饭，我就去洗碗筷了。洗着洗着，碗筷也洗完了，我便打开电视看起了电视。不一会儿，妈妈回来了。

这就是我第一次西红柿炒鸡蛋，虽然样子不好看，至少，喂饱了自己。

除夕夜话

李晓雪

又是一年除夕夜，平时都在各地忙碌的一大家子，很难得地团聚在一起。

吃着丰盛的饭菜，大家随意的聊天，爸爸、叔叔在讨论一年的收获。他们都在南方一家酒店当厨师，每月每人净赚两千元，一年他们带回了四万多；旁边的姑姑呢，她高中毕业后到一家中外合资的电子公司工作，年底也带回一大把钞票。

正谈得热闹，八十岁的太爷爷突然咳了一声，大家打住了话题，因为大家知道太爷要讲话了。大家都竖着耳朵听太爷讲了起来：“咱们家啊，都是打工的命。但同是打工仔，就我和你爸苦命。我八岁时，就给人做长活。你爸七岁时，我把他也带去做了童工。父子俩，没日没夜地给地主干活。到了年关，不但分文工钱没给，还被赶了出来。哎！再看看现在，真是两个社会两重天哪！”

我在一旁插不上嘴，但有一点我明白：我喜欢现在的生活。

地球妈妈的忠告

田小宽

亲爱的孩子（人类）：

你们好!

我亲爱的孩子，一直以来，你们都是我最美丽的杰作，是我哺育了你们。

但是在这几千年来，我的身体已经被你们当中无知的人类糟蹋的不成样子！在远古时期，大自然是多么美丽，那里有清澈的河水、连绵起伏的山脉、充满生机的春天；有让世界充满活力的夏天、硕果累累的秋天、冰雪世界的冬天。而现在只有满是沙土的河水，有被夷为平地的山脉；有死气沉沉的春天，让人厌恶的夏天，枯黄枝叶的秋天和雪花不飞舞的冬天。太阳公公已经发火了，但现在回头还来得及。正所谓“浪子回头金不换”。太阳公公发火了，地球就会发生大爆炸，炸了整个太阳系，甚至会把外星系干扰了。

所以你们要立刻把以前的坏习惯改掉，懂得爱护我，之后，我会去给你们求情，别再自掘坟墓了!

希望你们年年有余，民安国泰。

你们的地球

2017年某月某日

花开满园

蜜蜂在欢快地跳，我也在欢快地画。我边画边呼吸着浓浓的花香，边画边向蜜蜂致意。蜜蜂在花上跳，我的笔在纸上跳——我感觉是在花上——其实我真的是在花上！

花开满园

谢雨欣

春天来了，天气暖了，楼下的花园也变得热闹了，我却天天上学，没有时间去看看。

周六的早上，阳光正好，今天终于有时间享受美好时光啦！我已经迫不及待去楼下的花园了，因为在我家住的五楼我都能闻到一阵醉人的花香。

我飞快地跑下楼，一阵风似的刮进花园。哇！花坛里的花全开了。

花坛是一个大大的长方形，里面不知有多少小花呀！我看见一群蜜蜂正在花丛中飞来飞去。我突然感觉到，这些淡黄色的花和蜜蜂是多么友好啊，花儿在展示美好的容貌，蜜蜂在炫耀自己的舞蹈，配合默契。我被这么美的花园感动了。

我突然转身一口气跑回家中，从屋里拿出画笔和白纸，然后冲下楼来，就坐在花坛的旁边，开始画我眼前看到的一切。

蜜蜂在欢快地跳，我也在欢快地画。我边画边呼吸着浓浓的花香，边画边向蜜蜂致意。蜜蜂在花上跳，我的笔在纸上跳——我感觉是在花上——其实我真的是在花上！我决定了，我要给我的大作起个名字，就叫“花香满园”。

下雪之乐

路杨涛

进入冬天，我，和我的小伙伴们，无时无刻不在盼望着下雪。雪中的那些乐趣，那些美景，是其他季节无法相比的。

从前天开始，天空变得阴沉沉的，像抹了一层灰，凛冽的寒风把地上的沙土吹得到处乱飞，叫人睁不开眼睛。这是雪精灵命令他的使者风婆婆来给我们传送的情报——雪精灵即将到来。

今天一大早，我打开家门，不由得惊叹道：啊！雪终于来了。我高兴地欢呼着、跳跃着，在洒满雪花的大地上奔跑着，完全忘情于美丽的雪景中，竟忘了去上学。妈妈看见了，催促我："要迟到了。"我这才醒悟了，骑上自行车急忙往学校赶去。

来到校园，我又是一愣：操场上白茫茫的一片，草坪拉开白色的"棉被"，睡得好沉啊！同学们欢笑着、追逐着、狂呼着，用滚雪球的办法，才掀开草坪的"棉被"。但草坪似乎还没睡足，同学们掀开这头，却又被盖严了那头，眨眼工夫，一层更厚的"棉被"——鹅毛大雪——又铺展开来，让所有的同学再也无计可施了……

"啊！雪下大了！"同学们欢呼起来。我走进教室，望望窗外，远处的高楼已变得模糊不清了。那隐隐约约的大棚顶顿时也披着银白色的袍子，要不仔细瞧，简直无法辨认呢！真有点像因纽特人用冰砌成的房子。树木呢？原来它们也被大雪镶上了一条条银白色的带子。银枝玉叶的杨树上绽开了一朵朵小白花，真是美极了！

鹅毛般的大雪犹如大风卷起的“棉花舞”，在天地间翻滚着，簇拥着……脚踩在白色地毯上发出“咯吱咯吱”的响声，又组成一曲欢乐的冬之奏鸣曲！它那飘逸的神采，冰清玉洁，优美动人。我真怀疑这是仙女撒下的碎玉，是月宫里桂树的缤纷落花，是嫦娥打翻了粉脂盒，是冬天特有的“蝴蝶”。深深地吸一口气吧，你会觉得甜丝丝的，似乎闻到了旷野鲜活的气息，山谷里幽雅兰花的气息。

啊！好一个粉妆玉砌、银装素裹的世界，好一场让人欢乐的雪！

秋天的校园

郭玉宏

美丽的校园，四季交替，每一季的美都让人心动，温暖烂漫的春天，炽热火红的夏天，金色满园的秋天以及白雪装点的冬天，而我最喜欢的，当然是秋天的校园了。

秋天，顽皮可爱的小叶子都从树上像跳伞一样跳了下来，一阵“呼呼”的响声，应该是为秋姑娘的到来而感到欢喜。一眼望去，一片片叶子挨得那么紧，从远处看就像一片金色的稻田，也像一片金色的海洋，这样看，使人心情更加愉悦了。

在校园里，还有很多各色的小叶子引人注目，这些小叶子形状各不相同，有细长的，有桃心的，还有瓜子形的，形状不一，但都非常漂亮。我们最喜欢在下课的时候走在路边，仔细地挑拣这些小叶子，选出最美的，夹在我们的日记本里，这是我们对秋天的纪念。

秋天的校园，有一种安静，让人走在校园里，内心平和。风是柔的，叶是黄的，天是蓝的，人是舒服的。我喜欢这样的校园。

最爱桃花

曹权威

她有着粉里透白的颜色，有着淡淡的香气，如同一张张粉红的笑脸面向我们。一只又一只的蝴蝶站在花上，犹如仙女在桃花上跳舞。站在远处看，有的花儿含苞待放，有的花儿欣然怒放，有的花儿半开半合，真美啊！

她就是我最爱的桃花。

我仿佛也是一朵桃花，穿着一件粉红的上衣，蝴蝶、蜜蜂都在我身上唱歌、跳舞，和我说它们的旅游之地。我看见一朵花还没有盛开，我们为她加油，为她鼓劲。那花儿听到我们在帮她鼓劲，她很感动，努力地绽放。

等我回过神来，发现一阵风把桃花的花瓣哗哗地吹了下来，就像“桃花雨”。

在我的家乡，这里的桃花是我最喜爱的花之一。

林中的故事两则

朱鸿飞

一

年轻人陪自己的爷爷在林中散步，他们似乎在争吵些什么。

年轻人朝气蓬勃，他指着一朵怒放的鲜花，说："看，我的生命就像那花一样绚丽，洋溢着无穷的活力。"爷爷笑而不语。

一夜暴风雨。

清晨，两人又一次在林中散步。青年又看见那生命之花。绚烂的花瓣飘落满地，无助的、纤弱的茎在风中孤独地摇摆，花蕊暴露在外面。青年无语。

爷爷长叹："绚丽的外表曾经是那么风光，没想到竟这么脆弱，这么不堪一击！"

两人继续向前走。

爷爷捡起了一个掉在地上的核桃："如果你愿做那鲜花，那我则情愿做这干皱的果实。虽然很难看，但是在这丑陋的外表下，却孕育着一个生命。每一颗果实都曾是一朵鲜花，但并不是每一朵鲜花都能成为果实。"

爷爷掰开了果实。里面露出了饱满的果仁——那是生命的内核。

青年沉默不语……

二

年轻人陪自己的爷爷在林中散步，他们似乎在争吵些什么。

年轻人朝气蓬勃，他指着一朵怒放的鲜花，说："看，我的生命就像那花一样绚丽，洋溢着无穷的活力。"爷爷笑而不语。

一夜暴风雨。

清晨，两人又一次在森林里散步。年轻人又看见那生命之花。花瓣飘零，无助的、纤弱的茎在风中孤独地摇摆，但仍有两片花瓣顽强地挺立在花托上，上面凝结着晶莹的露珠……爷爷无语。

年轻人笑道："想不到如此脆弱的生命，不但有绚丽的外表，竟还能如此有尊严地活着，原来它也有一颗坚强的心啊！"

两人继续向前走。

爷爷捡起了一个掉在地上的核桃："如果你想做那美丽的鲜花，那我则是这干皱的果实。果实虽然没有美丽的外表，但却孕育着生命。"爷爷掰开了果实。里面露出的是干瘪的果仁。

年轻人感慨："没想到那饱经风雨的坚硬的壳包裹着的，竟也有空虚的灵魂！"

爷爷沉默不语……

勇于尝试的小草

史明威

当小草还是一粒种子的时候，它随风飘过很多地方。它到过肥沃的田野，到过农家铺满厚厚砖瓦的屋顶，它看到很多同类在那些地方扎根，但它想要尝试新的地方。

于是，它飘到了一个好地方，一块岩石的中间。小草准备停落的时候，岩石姐姐却说："小草弟弟，你还是找别处吧，我这儿太贫穷，是养不大你的啦！"小草种子听完之后说："没关系的，你不用关心我，我一定可以照顾好自己的。"

岩石姐姐听罢，便点了点头，"哦"了一声，才让小草生长在岩石缝中。

春天到了，小草终于从土里探出了头，长了几片小小的，嫩绿嫩绿的叶子，毛茸茸的。

看见小草这么快地长大了，她高兴极了，心想："原来我这贫困的身体也能孕育出小草啊！"她非常激动，还留下了欢快的眼泪。

不知过了多少年，小草越长越粗，越长越大，好多人看见了小草都被感动了，当然，岩石姐姐也非常兴奋，因为小草使她生机勃勃。

所以不管什么事，一定要勇于尝试！

团结的蜜蜂

段梦情

有一只蜜蜂，勤劳能干，但每天吃的蜜很少。

这只自以为能干的蜜蜂和蜂群闹了意见。它觉得自己做的工作很多，收获太少，它抱怨大家对它不公平，忘记了它的功劳。

“我在这里付出都不算少呀！”小蜜蜂气愤地说，其他的小蜜蜂也说：“我们付出的也不少呀！”“可是我比你们付出的更多！”说完，小蜜蜂就飞走了。

时间就这样一天一天地过去了，冬爷爷也快要来临了，花儿都凋谢了。这只离家出走的小蜜蜂饿得快不行了，于是，它决定返回蜂群，蜂群里的其他小蜜蜂也正在寻找离家出走的小蜜蜂，因为那只小蜜蜂经常给蜂群的其他小蜜蜂讲笑话，因此蜂群里经常发出快乐的欢笑声。现在蜂群里冷冷清清的，要是那只离家出走的小蜜蜂回来了该有多好呀！就在这时那只小蜜蜂回来了，其他的小蜜蜂一拥而上，欢迎着小蜜蜂的归来。

从那以后，小蜜蜂们快快乐乐的生活在了一起，因为它们都知道只要团结，什么困难都不用怕。

苹果树与小女孩儿

张效洋

有一个小女孩儿，在自家院子里亲手种了一棵苹果树，浇水施肥，小心呵护。小树很喜欢小女孩儿，他拼命长大，希望能给小女孩儿提供一片绿荫，让小女孩儿能吃上鲜美的苹果。可是，没多久，女孩儿就离开了。

在一个炎热的中午，一只小鹿跑过来问："小树，我可以在你的下面乘凉吗？"小树点了点头，小鹿高兴地叫："太好了，为了报答恩人，我可以满足你一个愿望。"小树想也不想，就说："我想回到小女孩儿身边。"一道白光闪过，小树闭上了眼，再次睁开眼睛的时候，他看到了一个日思夜想的身影……

天呐，真的是小女孩儿，小树不禁流下了泪水，小女孩儿高兴地走过来，说："小树，你醒了，我们玩儿吧！"说着她便围着小树转起了圈，一边转一边咯咯地笑，小树也开心极了。到了下午，小女孩儿去吃饭，吃完饭后在井中打了些水，放在壶子内，给小树浇水，还说："小树也要快些长大哦。"

然而，快乐的时光总是短暂的。小鹿的法力只能维持一天，如果超过时间，小女孩儿便会有灾难发生；小女孩儿明天就搬家了，小树不能再次接受这样的生离死别。

于是，小树回来了。

就这样，小树以为自己会平凡地过一辈子，可在硕果累累的晚年时期，小女孩儿竟然带了两个孩子回来了！原来她也时刻在想小树，他们四个这样生活在了一起。慢慢地，小女孩儿已经老了，可她还会与小树，不，是老树，讲真心话。

我爱夏天的火红

赵雪霞

在我的心里，四季是多彩的。春天的绿，是希望；夏天的红，是热情；秋天的黄，是收获；冬天的白，是纯洁。

我喜欢夏天的火红。

你瞧，火红火红的太阳烘烤着大地，像炉子里的火一样烧着。可是，一朵朵花儿开得红艳艳的，金闪闪的，银亮亮的，绿汪汪的，美丽极了。真是万紫千红，千姿百态，让人赞叹不已！那荷花更是花中一绝，粉红的花在碧绿的荷叶与清澈的池水的衬托下显得那样清秀典雅。

夏天的人们，心也是红的。小伙伴们盯着火红的太阳，把自己晒得皮肤红红的，大家尽情地玩耍，嬉闹，展现自己的活力。

啊！夏天是火红色的！我爱火红色的夏天！

神奇三夏，如诗如画

辛书豪

一年有四季，一季有三夏，夏天的每个月都有自己独特的美，都是一幅神奇的图画。

看，她像一位会变戏法的魔术师，开始还是风和日丽的，现在却忽然下起了大雨，太阳孤零零地站在旁边，而雨不停地下，真是“东边日出西边雨，道是无晴却有晴”啊！

看，她又像一个变化多端的捣蛋鬼，前一秒晴空万里，后一秒却倾盆大雨。

看，她更像一位热情的朋友，无论你是谁，她都对你是无比的“热”情。

夏，真是一个神奇的季节！

初夏时，林中的花儿含苞待放，像一个随时要爆炸开来的炸弹；还有那平淡无奇的云，一到夏天就调皮起来，刚才还一个人玩耍，转眼间就抱成一团，调皮得叫人诧异。

到了仲夏的时候，“神奇”这一特点，也到了最盛，刚刚还是紧闭的花苞，马上又变成一位全力盛开的花姑娘。那林中本该是寂静无声的，可它随随便便就让丛林中演奏一首热情洋溢的曲子：不仅有蝉的高音，鸟儿的中音，还有与微风做伴的树叶的低音，还有那池中的生物们也不甘寂寞，荷花绽放出它妖冶的花朵，鱼儿在为那荷花伴舞，一会儿在水中穿梭，一会儿在水上跳跃，一切都是那么的灵动！

夏末时，它的热情收了一半儿，花儿本来还是绽放的，林子本来是热闹的，池中本来是美丽动人的，可是这一切都由着它的性子，慢慢地变得冷静起来，让人不禁叹息起来。

夏，真是一个神奇的季节！

热闹的夏天

牛浩然

一年四季里面，若要选最热闹最美丽的一季，我绝对投夏天一票，我家门前，夏天就是最热闹的。

走出家门就可以看见很多小草。夏天的时候小草变得很绿，就像一块很大的翡翠铺在了地上，还有几朵晚开的蒲公英也来凑热闹。青草地和蒲公英黄色的小花搭配起来，美丽极了。有一种不知名的小草，样子很像小树，蚂蚁们经常在它下面安家。快要下雨的时候蚂蚁就会搬家，可是每次搬家都太晚了，大雨会毫不留情地从天上跳下来给蚂蚁们洗个澡。

门前右边有一棵桃树，但是树上的桃子不能吃。因为桃子很小，比花生豆大不了多少。小小的桃子剥皮晾干后可以串成手链和项链，据说还可以卖钱呢！

门前左边是一座不高不矮的山，山上面长满了绿油油的树。刮风的时候，全山的树都会随风舞动，就像一片绿色的呼啸的海洋。清晨，山上还有许多的鸟儿，它们的叫声像优美的音乐，动听极了。晚上，门口有很多小朋友在一起玩。他们有的在骑儿童车，有的在玩土，还有的在追逐打闹……不玩到深夜就不回家。

看，门前的夏天是不是很美很热闹呢！

我喜欢夏天

任翔宇

一年有四季，春暖花开，夏日炎炎，秋有金黄，冬有白雪。四季之中，我最喜欢夏天。

夏日炎炎，酷暑难熬。就连树上的知了也大叫：“知了、知了，热了、热了。”夏天的太阳“毒”，老天爷也十分“吝啬”，下的雨太少，可能是怕交“水费”吧。枝繁叶茂的大树在夏天显得更加重要，像撑起的一把把遮阳伞。小狗爬在树荫下，吐着长长的舌头，“呼哧呼哧”地喘息着。

花儿呢，却十分精神。就说向日葵吧，它面对太阳，好像在同太阳比赛，看谁长得漂亮。再看荷花，整天泡在水里，连一声“苦”也不叫，使劲儿地长呀长呀。人们也学着它， “扑通”一声跳下水。游泳池成了人们的避暑胜垲。

夏天虽热，但水果却很多。有桃、杏、香蕉，还有大西瓜。像我们这些“贪吃鬼”的口水早成“洪水”了。

夏天虽然热，但有口福，有欢乐，所以我喜欢夏天。

迷人的秋雨

尚　林

春雨太小，夏雨狂暴，冬雨又太冷，四季之中，我只喜欢迷人的秋雨。

周六的早上，又是一场秋雨。刚从床上下来，光脚丫踩在凉冰冰的木地板上，我却毫无感觉。从窗外传来的雨声把我吸引住了，我走到窗前，拉开窗帘，一下子变得特别清醒，比用冷水洗脸要清醒好几十倍。我注视着那迷人的秋雨。

秋雨滴在蓝色的雨棚上，发出滴滴答答美妙的声音，好像在说："下雨啦！下雨啦！"雨落在墙上，又哗啦啦地流下去，好像墙上有一个个大壁泉。雨落在玻璃上，好像无数个透明的小泥巴球打在玻璃上，可刚一接触到玻璃又消失了。雨落在水中，好像一个个从天而降的跳水运动员。雨落在手上，好像一根根冰针扎在手上。雨落到树上，又好像来到了绿色的舞台。秋雨让金色的秋季更加瑰丽。

大约过了十多分钟，我才觉得我的脚丫子凉冰冰的，瞬间我就回到了还没有凉透的被窝里。我认为在被窝里听雨也许更有趣。

金黄的秋，收获的秋

王刘宁

秋天是什么样的？秋天有什么？这个周末，我们一家人去姥姥家的果园寻找秋天。

走到果园门口，我们就看到了一片美丽的秋色：苹果树上的苹果红彤彤的，像小孩儿可爱的小脸；黄澄澄的梨像会发光的金子……看见这片美丽的果树林，我情不自禁地跑到了苹果树下，连忙伸手摘了几个红苹果。看着又红又大的苹果我忍不住咬了一口，啊，苹果真甜！再看看这果肉，淡黄淡黄的，真好看！嗯，秋天是金黄的。

这时，弟弟说想去果园旁的稻田玩，我们就一起走到了稻田边。啊，一片金黄色的稻田金灿灿的，发出了浓浓的香味。没想到，远处也有一棵棵苹果树，房子旁边还有橘子树，那顶着橘子的枝丫像一把把燃烧的火把，真美丽！正玩儿得高兴，不知不觉太阳快下山了，爸爸妈妈摘了一些果子，准备带回家饱餐一顿！嗯，秋天是收获的季节。

我爱丰收的季节，更爱这金黄的秋天。

如诗如梦的秋雨

徐秋雨

也许是名字里有“秋雨”的缘故吧，我自小就喜欢“秋雨”，我的世界里，秋雨像诗一样美好，像梦一样温柔。

下午，我正在窗前写作业，一股秋风透过纱窗窜了进来，很凉，还带着一点湿润。于是，我收起作业，想尽情领略秋雨带给我的快乐。我眯起眼睛，翘首仰望天空，似乎什么都没有。我又低头看看窗户，只见玻璃上不断增加着一个个小水点。哦，我知道：秋雨来了。

一会儿，地上就不再是一个个的小圆点了，而是闪亮的一块一块的光斑，继而又汇成闪亮的一大片一大片……再也找不到一块干地了，只听见窗外传来哗哗的雨声。从这雨声中，不难听出，雨点很大、很重，它们击在路面上，溅起了皇冠似的朵朵雨花，然后迅速消失，紧接着又有千万朵雨花飞溅开来……

耳边尽是雨声，一串串又密又急的雨点儿在眼前织成了雨帘，白晃晃的。雨线不住地往下落，风、土、雨混在一处，连成一片；横着、竖着，灰茫茫、冷飕飕的，一切东西都被裹在里面……此时，窗外的雨响成一片，地上的水花开成一片，而我的心里则美成一片……

窗外的雨渐渐地小了，落下来的雨点也渐渐轻了，眼前的雨帘和水花也慢慢地消失了，取而代之的是那属于梦的、充满诗意的蒙蒙细雨，整个城市便笼罩在一片白茫茫的雨雾之中。那雨，比落叶还要轻，比针尖儿还要细，一串串，一缕缕，轻轻落在街上，落在人们的脸上，迷迷茫茫，悄无声息，随风飘荡……

这就是我的最爱，如诗如梦的秋雨。

诗意的秋天

张嘉斌

我喜欢秋天，秋天的落叶、树、古桥，勾勒出一个优美的意境，人行桥上，如诗如画。

不知是什么东西，轻轻地抚摸着我的额头。我抬头向上看，原来是焦黄的树叶。它们晃晃悠悠地落了下来，落在我肩上，落在我头上，落在清澈的湖面上，霎时天地间一片金黄……

我伸手接住一片正在下落的树叶，让它平躺在我的手心。静静地，我看着它，细数着它那精致的纹理，好像这里面蕴含着生命的奥秘！

我把和我最有缘的那一片树叶放在清澈的湖面上，让它承载着我的梦想漂向远方。

随手捡起一片树叶。再往前走，一棵树便映入了我的眼帘。

走近她，我用手指一圈一圈地画着、细数着它精致的纹理，这棵树的年纪，应该和我差不多大了吧。

不远处便是儿时经常玩耍的古桥，它在涧水之上弯着腰渡人渡马渡车渡日月。一步一步，我走上这古桥。脚，在桥面走；手，摸着桥梁。涧水在桥下欢快地跳跃着。我不由感叹：秋天真美！

我爱秋天，爱这如诗如画的秋天！

我收到了冬天的礼物

陈　冲

这是入冬以来的第一场雪。雪花一片片晶莹剔透，就像是被最伟大的艺术家雕出来的，光滑而又均匀。北风呼呼地刮着，雪花在空中飘着，又纷纷落下，地上白了。

这可是冬天送给大地的新年礼物呀！只见一枝枝树条被大雪压弯了腰，像珊瑚，又像奇异的鹿角。瞧！冬爷爷也没有忘记冻得发抖的麦苗，厚厚的积雪如同一条松软的棉被，小麦苗在棉被里会做一个甜甜的梦，梦见自己长高，结出金黄的麦穗。

这也是冬天给我的礼物。冬爷爷最不能忘记的就是早已盼望着他的孩子，“他”忙着把准备好的小雪花送给每一个小朋友。

他们欢呼着：“下雪了，冬爷爷又给我们送礼物来了。”孩子们有的堆雪人，有的打雪仗，冻得小手小脸红彤彤的。他们欢笑着，嬉闹着，路上的行人们则用一串串美丽的脚印装扮着大街小巷。

雪越下越大，它像雾一样轻，像玉一样洁白，整个城市银装素裹，好似一个白衣仙子，美极了。

天连着地，地连着天，白雪茫茫，无边无际，整个大地都变得玉琢银砌似的。

我收到了冬天的礼物，不只是雪花，还有快乐。

武汉的冬天

汲晨曦

我的家乡是武汉，这里是全国三大“火炉”之一，当然，我们都不喜欢夏天的火热，武汉的冬天，才是我最喜欢的。

当秋风吹落了树上的枯叶，冬天的序幕便拉开了。这时的太阳光变得懒洋洋的，似乎有些精疲力竭了。姑娘和小伙子们一向是季节的风标，在人们还未留意时，新潮猎装和大衣便套在美丽的羊毛衫外，给冬天贴上了标志。小学生们则穿着各种色彩艳丽的轻便滑雪衫，尽管这个城市里并没有雪可滑。

我们武汉最冷的日子，要数腊月二十几。虽然零下4摄氏度的气温对北方人来说根本不当回事，可在武汉已是天寒地冻了。冷风嗖嗖，带来阵阵刺骨的寒气。人们最怕这种干冷，哪怕是不痛不痒地飞下薄薄一层雪絮也好，因为雪后定然是如歌中唱的那样“下雪了，天晴了……”

冬天的武汉难得下场雪，偶尔碰上一场鹅毛大雪，会让我们兴奋得跑进雪地又跳又叫，好像过狂欢节一样。每当看到窗外飘起漫天大雪，同院的小孩们便聚在一起商量怎么个玩法。想堆雪人，又想滑雪，还想打雪仗。雪是大家的，大自然既然慷慨地把它赐给我们，就让我们尽兴地玩吧！等不到雪停，我们这些女孩子便拿出打扮布娃娃的本领，打扮堆好的雪孩子。我们用煤球镶眼睛，把红布剪成弯月形，贴上去，就成了鲜红的嘴唇，再戴上小红帽，一个漂亮的雪孩子就亭亭玉立在雪地上了。我们正欢呼欣赏我们的杰作，一个雪团不偏不倚地打歪了雪孩子的小红帽。抬头一看，原来是一群男孩子在大楼顶的两个平台上，摆开了打雪仗的战场。他们互相扔掷雪团，热闹极了。我们抵不住雪仗的诱惑，扔下哭兮兮的雪孩子，也抢上去参战了。雪团砸在小一点孩子的头上，他们就哇哇大哭，不甘示弱地抓起雪团扔在对方脸上，当看见对方满脸雪花，又破涕为笑了。也有目标瞄不准的，雪团扔不到对方平台，掉到两栋楼房之间的过道里，砸在路人身上，遭到大人的厉声呵斥，"肇事者"便狼狈逃窜，我们都哈哈大笑起来。雪仗打完了，才想起要滑雪，可雪却缓缓地融化了。南方的雪，终究没让我们尽兴，便悄悄地溜走了。

雪后的太阳像朵金蔷薇，把泛着金光的温暖洒向大地。为了干干净净迎接春节，各家各户在平台上牵起绳，纵横交错，将平台上方那块湛蓝的天空分割成几个豆腐块。绳子上晾满了棉被、棉垫絮、床单等，好似一座迷宫。我们在豆腐块里穿来穿去躲猫咪，干净的床单上留下了我们抓揉的痕迹，有的还抓住绳子荡秋千，绳子拉断了，便一屁股坐在地上，棉被也落到地上，拽也拽不动，只得乖乖地向大人讨饶。大人恼怒极了，但又奈何不得，只能教训几句罢了。

武汉的冬天不寂寞也不单调，飘飞的雪花和温暖的阳光给我们带来无穷无尽的欢乐。当隆隆春雷响彻大地的时候，我们竟怀念起有趣的冬天来了。

坚持就是胜利

这虽是一句小小的话，但它时时刻刻在帮助着我，使我渡过一个又一个难关，使我在成长中懂得了，做事不能半途而废，坚持就是胜利。

关于打预防针的对话

吴书涵

我们这个年龄，最怕什么？有人说是老师的作业，有人说是爸爸的皮鞋，而我说，最怕的是打预防针。

早读课上，班主任老师向同学们作春季疾病预防的宣传：“孩子们，为了你们的身体健康，请回去向家长说说打预防针的事儿。可以让爸爸、妈妈带你们到防疫站打针，也可以带钱到学校来打，到时将有医生义务为大家服务。”

教室里立刻像炸了锅，同学们纷纷议论起来——

班长首先表态：“我怕疼，什么针都不打！”

我笑了：“都多大了，还怕疼？”其实我在心里说，原来不止我一个人怕疼啊。

班长胖乎乎的小脸一板，一本正经地说：“那我也就只打流脑和麻风，我去年刚打过甲肝和乙肝。”

我的后桌张扬握紧拳头，似乎在展示自己的强壮：“我的身体棒得很，抵抗力强，我什么针也不用打！”

我在心里对他表示了羡慕，可是我也知道，不怕一万，就怕万一。身体好不代表什么都能抵抗。

班主任老师见这样争论不会有什么结果，干脆打断了大家的议

论：“同学们，打预防针的好处是明显的，就不用再争论了。至于打不打针，回去和父母商议后再决定。我要提醒大家的是，关键是要讲究卫生，勤洗晒衣服被褥，不吃变质的食品，坚持早晚刷牙，饭前便后洗手，少到人群密集的地方活动……”

听了班主任的话，我像遇到了救命稻草，对啊，我只要锻炼好身体，讲究卫生，不就行了！但是，万一出点儿什么事呢？唉，我心里是又担心又害怕，算了，还是回家跟妈妈说吧，只要妈妈说打，那就咬咬牙，打！

我和我的“老铁”

梁靖宇

真正的朋友是什么样的？我觉得每个人都有自己的答案，而我的答案是：朋友是“不打不相识，越打越相知”。

“谁叫我天下无双，乾坤八卦又怎样，就算是……”我与我的“老铁”在欢快地唱着一首歌——《行者》。我俩没事老待一块儿，跟亲兄弟一样，但最常发生的，还是打闹。我们就是打成了好朋友。

我三年级时才认识的他，但友谊却很深厚。所谓“不打不相识”，我俩这战斗力可是很强的，但没有分出谁强谁弱。

一天我们在一些同学的挑拨下，决定pk一把，我一上场就做了一个“你太弱”的手势。他如我所愿的被激怒了，一下扑了上来，好像一只蝎子要扎你一样，我也不甘示弱，似一头凶猛的雄狮一样向前扑打，两个人缠斗在一起，一下滚，一下打，一下抓的。

我们打累了，不打了，是因为我赢了。我很开心，我们都笑了起来，慢慢地我们找到了共同点，整天在一起玩。当然了，也会发生矛盾，我俩也没少打闹，但记忆更多的是彼此在一起的欢畅。

我俩这叫“不打不相识”，我觉得这样的友情才能长长久久，永永远远的保持。

我的同学——小胖

何浩斌

“啊——”这声惨叫一发出来，就知道，一定是小胖又被人“非礼”了。

小胖是我的同学，他的脸胖胖的，脸蛋上肉乎乎的。所以，我平时最喜欢捏他的脸蛋。这时，他就会用他的家乡话来说：“瞅你那样，还捏我的脸蛋子！”我也会学他的口音说：“瞅你那小样，捏了你脸蛋咋的了！”他生气了，脸上揪成一团，咬着牙说：“好你个何浩斌，你……你给我等着，此仇不报非君子！”那样子，活像个马戏团的小丑。

小胖是典型的屁股上长钉子，从来就坐不安稳。“丁零零……”上课铃响了，小胖伸着懒腰坐在位子上，同学们都做好了课前准备。小胖却左扭扭右晃晃，一会儿准备喝水，一会儿拍拍我的头，找我说话，一会儿扮卡通人物，没有半点做课前准备的样子。要不是老师点他的名，他还不知道要弄到什么时候呢!

即使上课，小胖也没有一个安静的时候。我可是深受其害。同学们向老师问完好刚坐下来，他那一套就来了。“小斌斌，讲个笑话给我听吧！”他揪着我的耳朵说。我没有动，忍耐着。他见这样没有用，就拿起了圆规对着大腿一扎，哇！我差点叫出了声来。我咬牙望着他，他却像个发了财的乞丐——笑得不亦乐乎。我忍不住了，狠狠地掐了小胖的腿。这一下，终于可以安静一会。不一会儿，我感觉脸被人揪了过去，原来是小胖报复了。这时，老师严厉的目光正望着我们这儿。我心里暗暗地想着：“嘿！小胖，这下有你好受的了！”谁知老师却把我叫到了门外。

唉！这让我无奈的小胖。

对不起，军军

张文瑞

从小我就是一个特别爱干净的人，最讨厌有人脏乱不讲卫生。而军军的卫生很不好，还经常会搞得他周围的人身上不是脏就是臭！为此，我一直离他远远的。

还记得那次在楼道里的事，我仍耿耿于怀。正走着，突然感觉手被什么冰凉的东西喷了一下！我赶紧举起手，发现手上布满了大大小小的斑点，还是蓝色的，太瘆人了！我不觉地颤了颤。往后一转，只见军军正满脸歉意地笑着。我顿时大发雷霆，把他狠狠地说了一顿，便转身就走。整个一下午，他都没有说过话，只是每节课一下就在我座位旁边转悠着，仿佛要说什么，却都把话给咽了回去。旁边的同学时不时挤一下他，他却都没有生气，可能是胆小的缘故吧！

终于熬到了放学。我赶紧走出校门，迈着沉重并快速的步伐往家里走。不一会儿便走到了小广场旁，那里有几个同学在打篮球，我注意到，那个最矮最胖的人是军军。只见他轻而易举一连投进了好几个球，我惊呆了！他竟然这么厉害，情不自禁地，我坐在旁边的木椅上观看着这场比赛！

横空、运球、三步上篮，一个华丽丽地连续动作使这时的军军特别帅气。“噗”一声，篮球被投进了一个泥土坑里，他们把它捡起来时，球已经不成样子了！下一回合，这个浑身是泥的篮球扑倒他的身上。“天哪！”我差点叫出声来。军军崭新的白衣服上竟然布满了泥点，我原以为他会马上转身去骂那个投球的人，结果却没想到他轻轻地走到那位同学的面前，很自然的用手擦着污渍，不知道他说了些什么，那位同学紧张的神情立马烟消云散，他们又开开心心地投球了。

一瞬间，我心里有股莫名其妙的感动，只是爱面子也爱干净的我还是没有勇气向他道歉。

时间过得很快，转眼间我们已经分开了。儿时的事只记得一些，那些琐事便没有了印象。只是关于军军那一幕，我还是记得，我欠他一个道歉。

我眼中的李老师

马文涛

她的眼睛大大的，看起来非常精神，高直的鼻子长在桃形的脸上，牙齿白的像雪，笑起来嘴就占了半张脸——她就是李老师。

李老师是五班的班主任。在我的印象中，她负责，慈爱，伟大，勇敢。她不是我的第一个老师，但却是我人生中对我影响最大的一个人。

李老师非常的有责任心，就拿一件事来说吧!

那一天，我因为打扫卫生回家很晚。路过办公室时，忽然看见办公室灯亮着，我便好奇地走了过去。原来是李老师正在写教案，看到这里我不禁感动得流下了眼泪，因为李老师最近得了感冒，她带病还在加班工作。从此以后我决定好好地对她，让她少一点儿负担，多一分温暖。

她负责，慈爱，伟大，勇敢。在我心目中，她是一位好老师，也是一位英雄。

我的老师——李强

梅语昕

李强——132的“老班”，人称“强哥”，此人多才多艺，篮球、羽毛球、乒乓球，唱歌、书法、电焊样样精通，另其讲课水平也乃一流，与李阳的“疯狂英语”可以说是不相上下，深受大家喜爱。

“强哥”浓眉大眼，自封“帅哥”。一头个性的浓密黑发直直地立在脑袋上。长方脸，鹰钩鼻，一副眼镜乃是脸上唯一的修饰品，透过厚厚的镜片可以看到那双闪烁着自信与快乐的眼睛，眼睛上有两排又长又卷的睫毛，据说其睫毛上可以放一根火柴。睫毛上方有两个隶体的“一”字，唯一的不足是那黑黑的皮肤，不过这倒也是最好，算得上最健康的颜色了，刚好能衬托出他的强壮，朴实。

“强哥”是运动健将。试问，学校里哪一场篮球赛没有他的身影？哪天早晨的羽毛球场没有洒下他的汗水？因为有这样的健将老班，所以我们这些学生也都深受熏陶，被其他老师比喻为“猴”。

听强哥的课对我们来说是一种放松，也可以说是一种享受。在他的课堂上总是爆笑连连，欢乐不断，这使得我们乐在其中，同时也学到了知识。

“强哥”热心能干。学校的水龙头坏了，他修；班里的桌椅坏了，他修；就连学校的下水道堵了，他也忙着去疏通……但从来没有任何怨言。

别看“强哥”表面大大咧咧，其实他是“粗中有细”。一开学，当我们第一次离开家过集体生活时，他就给每个寝室配备上了针线，还有体温计。当有同学不舒服时，他总是变魔术似的拿出应急药，打开他办公桌的小柜子，可以看到，里面放了满满一袋子药和消毒棉球、棉签。运动会上，他还带来了葡萄糖粉、葡萄糖液给运动员喝……很难想象，一个年轻男班主任，竟是如此的心细。

此外，“强哥”还很……咦，不好意思，“强哥”来了，我先撤了！

最喜欢的补课班

王慧茹

很多小伙伴特别讨厌补课班，千方百计地想要逃离，而我觉得，要是它非常有趣的话，我可以上一百年。

比如我现在的补课班，是我最喜欢的补课班，第一节课就会给每个小伙伴一个大大的“乐”。

刚报完名来试课的时候，教我们的老师是姚老师，老师说我们可以叫她“啦啦”老师。因为她小时候喜欢唱：“啦啦啦，啦啦啦，我是卖报的小行家……”所以别人都叫她“啦啦”。

首先，老师让我们先做小游戏，是叫“三打白骨精”，输了的人要说自己的名字、兴趣爱好。每个人输了以后，老师会依照输的次数加分，下课后就会根据分数的多少给月芽币，这样你就可以用月芽币去换取小礼品。

每个人玩完之后，第一环节就开始了，这个第一环节是成语接龙，它被叫为“集腋成裘”。因为成语是指定的，所以说对了加二十分，说的是别的成语加十分。成语讲完后，我们就会开始背。第一次就能背会的叫“小天才”，第二次叫“小人才”，最后背会的叫“小火柴”。“小天才”加一百分，“小天才”加五十分，“小火柴”加十分。第二环节是“快乐聊吧”和“开心小练笔”。比如说：“啦啦”老师去公园玩，突然听到了“啊”的声音，谁在叫，后来发生了什么？老师说，可举手回答发生了什么，也可以不举手写在笔记本上。不会的同学，“啦啦”老师会在课堂上讲三大空间，跟思维导图差不多，引导同学们思考。然后写完你就可以休息了。

第二节课，“啦啦”老师就会让我们复习一下成语，还能记住的同学会给奖励分数。之后就是第三环节“儿歌学方法，快乐写作文”。这可是我最害怕的了，因为我半个儿歌都不会。老师也会提问让我背儿歌，是会有分数的。第四环节自然是写作文，不过在这之前老师会在电脑上显示出谁是上一节课的小作家。老师在我们写作文时，会让我用一些成语，并要学着运用从儿歌里学到的写作方法。

一日为师，终身为父。“啦啦”老师是女老师，那应该是：一日为师，终身为母。虽然她现在在教别的小伙伴，但是我永远不会忘记老师与她教的知识。

新的教室

李晨旭

开学了，我终于可以见到期待已久的小伙伴了，更值得高兴的是，我们要分新的教室了。

开学那天，一早我六点就起床来到了学校去播音，到十一点多我就去了陈老师的办公室。

陈老师直接带我去了新的教室。我们的教室在三楼，刚一进去就看到了一幅美丽的景象：教室里非常干净，一排排桌椅整整齐齐的，犹如一排大雁整齐摆了一个“一”字一样，两边墙壁上还贴着我们所有人画的诗配画，有小池、小儿垂钓、晓出净慈寺送林子方……很多古诗，再往远看一块儿黑板报上画着一幅美丽的画，画的栩栩如生，除了我们美丽的王老师，还能是谁的杰作呢？还有一些字，你看那肯定就是我们负责任的陈老师写的，再看黑板报，旁边有一些字规规矩矩的，非常漂亮。再看我们前排的黑板有四块儿，还有我们的“金属”多媒体看起来干净整洁美丽，让人走的时候忍不住回头看一眼。

看完了之后，想一想还是有点儿留念，我太喜欢这个教室了。

给大自然的一封信

单怡情

尊敬的大自然婆婆：

您好！

我是您千千万万孩子中的一员，一名普通的小学生。给您写这封信，一是要向您道歉，二是向您保证，我们以后一定会好好爱您的。

我知道人们破坏了环境，砍伐了许多树木，污染了清澈的湖水，满地都是废纸，还在名胜古迹上乱涂乱画。看天空，那湛蓝的天空，似乎也变得模糊极了。清新的空气，也不再是那么清新了。

对不起，大自然。我们不应该这样做，但如果不砍伐树木，那怎么会有房子、餐具呢？我们这样做是有点过分，但作为一名少先队员，就应该去阻止这种破坏环境的行为。实在对不起了，大自然婆婆，我会尽量劝人们不再破坏环境。

如果有人踩踏花园，我就会立起一个公告牌“小草有生命，足下多留情”。如果有人浪费水资源，我就会立起“保护水资源，生命真永远”的公告牌。

大自然婆婆，我会保护环境，有废纸便捡起来，让大自然也变得漂亮起来。大自然婆婆，如果您看到我的信，您应该知道我对你爱护的负责了吧？

祝您能够变得漂亮起来。

自然保护者：单怡情

2017年某月某日

请保护好我

——给人类的一封信

钱君蕊

亲爱的孩子：

你们好!

作为你们共同的母亲，实在是忍不住要给你们写这封信，如果再不通知你们，以后恐怕就没有再相见之日了。

你们一定很惊讶，我是谁呀？其实我就是你们亲爱的地球妈妈，我原来是美丽动人的，像太阳公公那样的帅哥都喜欢我。

可是现在呢，以前你们一直在打仗，弄得我伤痕累累，连最丑的行星都要躲避我三分。即使你们现在不打仗了，可是你们却砍掉了我的衣服——大树。还把清澈的水池弄混浊，让我痛苦万分。你们口口声声说要保护地球，你们的小朋友经常看的动画片《熊出没》里的光头强，老砍树最后还不是输给了熊大和熊二。

人们啊！我都是为了你们好，我就不提以前的事了。我只希望你们能不砍树，不掉废品，不把水弄混浊就行了，看到废物在地上，顺手扔进垃圾桶不就行了吗？你们看，多简单呀！

如果你们再继续这样做的话，会导致沙尘暴的来临，海啸的来临，会遭到大自然的惩罚的。之所以我会提醒你们，是因为你们是我的儿女，是从我的身体里生长出来的。

亲爱的人们，请你们尊重一下你们的母亲——地球，这样我也会尊重你们。

愿你们身体健康。

你们的妈妈：地球

2017年某月某日

一棵树的哭泣

丁建雨

我是一棵树，在遥远的山里，我和小伙伴们一起手挽手，对抗寒潮风雨，其乐无穷。但自从人类出现在山下，我的同伴一个个都离我而去了，山风吹来，那沙沙的树叶声是我轻声的哭泣。

有一天，正当我打盹的时候。一阵剧痛从腰间传来，并且还伴随着沙沙的响声。我低头一看，原来有一名伐木工人正拿着一把电锯锯我。我时时刻刻担心的事情终于发生了，我绝望地闭上了眼，知道末日即将来临。就在这时，意想不到的事情发生了！工人的电锯上发出了万丈光芒，那些金光将整座山都包围了，刺得我睁不开眼睛，等我慢慢睁开眼睛，眼前的一切使我大吃一惊，啊！我竟然穿越到了恐龙时代！这里有凶猛的暴龙、有好斗的肿头龙、有长犄角的三角龙、有长脖子的马门溪龙……

我又看了看周围，原来我正身处茂密的原始深林之中，这里的森林多大啊，一眼望不到边！正当我赞叹这片森林如此之大时，一个想法冒了出来，我被这个想法吓了一跳！我在想如今人类过度的砍伐树木，在几十年，几百年甚至几千年之后，我们的树族会不会灭绝？我正想着，突然金光又将我笼罩起来，一眨眼我又到了未来世界。此时，我身处在一大片茂密的森林当中，我还看见了几个显眼的山头上，挂着几条写着关于保护树木的标语，看来这时的人类已经意识到了保护树木的重要性，我非常的高兴，因为我知道了树族，从此后不会灭绝。

这时那道金光又闪了起来，我回到了现实，那名伐木工人把我锯倒了，我“轰”的摔倒在了地上，但我在生命即将结束的那一刻，我不再哭泣，因为我知道树族将世世代代地活下去，生生不息。

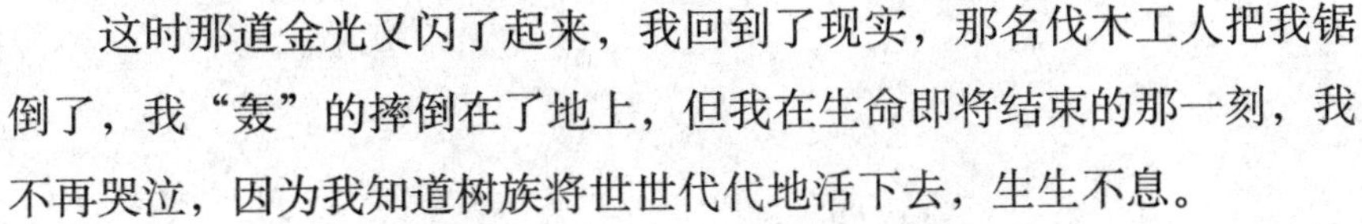

给习近平总书记的一封信

董璐璐

敬爱的总书记：

您好！

我叫董璐璐，我怀着万分忐忑而又激动的心情给您写这封信。

最近我有一些烦恼的事情，希望你能帮助我。我们老师说中国的一些世界遗产已经遭到了破坏。在长城上，那结实的方砖有的已经被小孩子用彩笔给毁掉了。上次的考察还发现长城上有游人遗弃的瓶子，它们把长城的美丽破坏了；有些城墙底下的土已经被那些农民给偷走了；有些山里的人，没有经过管理员的同意就在长城边上修了梯子。这些人非常讨厌，就为了多赚一点钱而已。

还有其他的世界遗产也遭到了同样的破坏，例如颐和园的长廊中有很多垃圾，昆明湖的水也变得黯淡浑浊了。对此，您一定有什么策略来改变目前这一状态吧！期待您的回信！

祝您身体健康。

一个普通的中国人：董璐璐

2017年某月某日

给雨果的一封信

杨一平

尊敬的雨果先生：

您好！

我是一名对您深怀敬佩之情的学生。今日，我怀着无比崇高的敬意，冒昧地写下这封信！

在学了《就英法联军远征中国给巴特勒上尉的信》这篇文后，我感慨万千，感谢您站在人道主义立场上来评判这场战争。

您不是中国人，但您拥有一颗正直、善良的心，您的精神感染着每一个人。您说：“政府有时会是强盗，而人民永远也不会是强盗。”您强烈地表明：强盗政府不能代表人民，法兰西人民对中国人是友好的，焚掠圆明园是英法政府的罪行，你是站在人民的立场上抗议政府所犯下的罪行，更重要的是您能公开地大胆地指斥强盗政府，这是多么大的勇气啊！

您的正直、勇气和人道主义的精神，让您在我们心目中成为世界巨人。圆明园——东方的骄傲，人类文明的精髓，世界奇迹，就在它们闪烁着耀眼的光芒时，两名强盗抢走了它，东方的骄傲停止了，人类文明的精髓消失了，世界的奇迹也随之毁灭。那是什么感觉？愤恨？悲痛？谴责？

感谢您！在扭曲的历史下站出来指证一切，您的胸襟是多么广阔，多么富有正义感！不得不承认，您是当之无愧的英雄，您能公正地指出自己国家的劣行，这一点是我们所敬佩的，也是一个作家所拥有的良知。您是伟大的！

现如今的中国，已不再是一只任人宰割的软弱羔羊，而是一只雄狮，一只意气焕发的雄狮！它已经拥有了自己的尊严与权威！但仍感谢您对于我们曾经孱弱的中国的同情和您公正的呐喊。

千万分的感谢，为您而骄傲！

世界与你同在，因此万分美丽！

正直面前，您是永恒！

给马克·吐温的一封信

张冉月

亲爱的马克·吐温：

您好！

我是你的小粉丝小迷妹，在遇到你的作品之前，我从来不知道，文学是这么有趣又有益的东西。

我一次一次地看您的名著《汤姆·索亚历险记》，我发现，您的书里面几乎全是幽默。我越看越兴奋，因为书里面的故事描写一波三折，再加上您的幽默感，真是让人感到这是世界上最完美的杰作！

后来我又看了许多您写的名著，发现您的幽默就是老天赐予的，您在我心中可谓是“世界第一文学幽默大师”，您的作品在我心中都是神圣的。

在不久前，我又听了您的许多事迹，您经历的磨难挫折真是数不尽啊，但每一次遇到问题，您都少不了用冷幽默和搞笑的方式来回答，让人简直不能回敬您一句话！

这次给你写信的主要目的，就是想让您知道我对您的敬佩和对你写的书的喜爱之情。

祝您幸福。

您的书迷：张冉月

2017年某月某日

只要努力

张春敏

我的好朋友彤彤有句口头禅：只要努力没有干不好的事儿。这句话，一直激励着我们。

有一次，学校要举行歌咏比赛，全班都推选我当领唱，可是我从小就内向，我怕我唱不好，怕出错。此时彤彤对我说了这句话："只要努力没有干不好的事儿。"这句话让我有了充足的信心，我始终记得这句话。比赛时，彤彤对我一笑，我明白了，我成功了。这次比赛我们班获得了第一名。下了台，我紧张地拥抱了彤彤，并和她一起分享这胜利的喜悦。

我们班又举行了音乐会，老师挑选了几个人，让同学投票让谁当主持人，其中就有我，可是我从来没有主持过，而且还要背十几页的稿子。彤彤又对我说："只要努力，没有干不好的事儿。"我又有了充足的信心。音乐会上我主持得很好，老师还表扬了呢！我连忙去找彤彤，对她说："谢谢你，一直鼓励我"。彤彤微笑地对我说："这是你自己有了信心，不用感谢我的。"

过了几年，学校要办一个毕业典礼，每班要挑选几个有特长的同学，彤彤跳舞很好，她就被选去了。她对我说："我很紧张，怎么办？"我对她说了一句话："只要努力就没有干不好的事。"两个人相

视一笑。在这次毕业典礼上彤彤的舞蹈跳得很好，许多同学都很喜欢。

我感觉彤彤对我说的这句话是有魔法的，可以让人有信心。这句有魔法的话激励着我，也激励着她。

一句神奇的话

周柯君

有一句话，充满了神奇的力量，它让我做事更有信心，更容易取得成功。

还记得上一年级的时候，我参加学校的国画比赛，比赛前我的心怦怦直跳。这时，老师走过来对我说："别担心，你一定可以的。"就是这句话，我的心静了下来，在国画比赛中得了第一名。

上二年级的时候，我在学校的英语比赛中当主持人。上场前，我的脑海中出现了很多疑问，万一我主持得不好怎么办？万一我说错了台词怎么办？同学们笑话我，又怎么办？老师似乎猜出来我的心思，走过来说："别担心，你肯定可以的。"因为老师的这句话，我主持得很好，并赢得了台下的一片掌声。这时，我看见老师对我微微笑了。

四年级的时候，老师要参加学校省级的优秀教师竞赛，我看到老师的手在微微的颤动，我同样把这句话送给老师。老师果然获得了省级优秀教师的称号。

老师的这句话给了我幸福，希望和勇气，使我更勇敢，更坚强。

我会把这句话记在心里，无论遇到什么样的困难都勇往直前，同时我也会记住老师。

坚持就是胜利

李林英

从小到大，有一句话经常出现在我耳边，让我在伤心难过、失败沮丧的时候能够及时振作起来，再次尝试，最终取得成功。这句话就是：坚持就是胜利。

一天，我在骑自行车。“哗”一下子摔倒了，我把自行车一踢说：“什么破车嘛！把我摔得半死！再也不骑自行车了。”说完，旁边的妈妈听到了，就对我说：“闺女啊，你不知道吗？做事不能半途而废啊。”我又有了信心，上了自行车，终于我不再摔跤了。

一天，我参加学校的运动会，我正在赛跑时被一块石头绊倒了。我往地上一坐，气呼呼地说：“气死啦，再也不参加运动会啦！”妈妈赶紧跑过来对我说：“做事不能半途而废啊！”我又站了起来，我飞快地跑向终点，居然取得了名次。

有一次，妈妈想学医术，就去请教医生。妈妈学了两天，不学了。我问妈妈：“妈妈，你为什么不学医术啦？”妈妈说：“我再也不学医术啦，太难学啦！”我对妈妈说：“妈妈，做事不能半途而废啊！”妈妈听后就又去学了。过了几天，妈妈果然有了进步。

这虽是一句小小的话，但它时时刻刻在帮助着我，使我渡过一个又一个难关，使我在成长中懂得了，做事不能半途而废，坚持就是胜利。

人外有人，天外有天

韩若楠

从小到大，经常被和人比较，比不过，会得到安慰和鼓励，比得过了，就会有一句话响彻耳畔：人外有人，天外有天，以此来让自己谦虚，不自满。

作文课上，老师将我的作文当场大声读了一遍。因为我写得很不错，所以表扬了我。但加了一句："人外有人，天外有天。"我当时还小，不懂。就叫别人时，把张班长说成了"小张"，把赵文雅说成了"赵妹"他们都不理我了！

上体育课，老师叫我们进行跳远，我跳了1.41米，超过了跳得远的我最要好的朋友，老师在表扬我之余，不忘告诉我"人外有人，天外有天"。我当时才只有二年级，不明白这个道理，把跳远高手叫成了"小矮人儿"。

朋友们就是这样和我疏远的。

开学典礼上，我们的班主任张老师，因为自己的教学质量好，而得了优秀教师一等奖，老师正在到处宣扬，我已经四年级了，伏在老师耳边悄悄地说："人外有人，天外有天。"老师一愣，接着严肃的脸上露出笑容，伸手拍了拍我的肩膀。

"人外有人，天外有天"，这是老师对我说的话，它将伴随我一生，使我受益无穷。

春天来了

赵肖飞

春天来了，像一个可爱的小姑娘，用四面风唤醒大地的生机，仿佛一夜之间，整个世界都被注入了活力。

看！树的枝头冒出了小叶儿，像一个个绿色的胖娃娃，睁开它那大大的眼睛好奇地看着这个世界。柳树的枝条向下垂着，就像一条条丝线挂在树上，那嫩黄的小叶片就像在树上挂着的小花瓣儿。正如一首诗说的那样："碧玉妆成一树高，万条垂下绿丝绦。"

我欣喜地发现，去年不小心被我烧得黑乎乎的那片草丛，也冒出几丝绿色。还有它们旁边的花儿多种多样，火红的杜鹃、雪白的梨花、金灿灿的野菊花……像赶集似的聚拢而来，形成了一幅多姿多彩的画卷。这，也许是春天的脚步吧，花丛中，蜜蜂们、蝴蝶们也开始忙活了，采蜜的采蜜，跳舞的跳舞。这，也是春天的脚步吧？

天上的鸟儿们也待不住了，在空中盘旋着，唱着，跳着……看，有燕子朝我们飞来了，我不禁想起了小时候的歌谣："小燕子，穿花衣，年年春天来这里……"

大街上，人们都脱掉了厚重的冬装，换上了轻便的春装，有些爱美的姑娘竟穿上了短裙。广场上也充满了欢声笑语，小朋友们在兴高采烈地放风筝。

春天的雨是多情的，她不失时机地赶来了，绵绵的，细如丝又薄如烟。“轰隆隆”，天空中的一声春雷，仿佛在给春雨伴奏呢。

春天来了，我深深地沉醉在其中。

我为春天歌唱

刘龙肖

我喜欢炎炎夏季的冰镇饮料，喜欢秋天各色好吃的瓜果，喜欢冬天洁白的雪花，但你要问我最喜欢哪一季？我更愿意为春天而歌唱。

春天的景色映入我的眼帘，印在我的心中：小草从地下“探”出了它那可爱的小脑袋，小花可以编一个漂亮而又神奇的花环，花环让老奶奶戴着，老奶奶就会返老还童，变成一个16岁的小姑娘。

春姑娘从溪边走过，溪流的小冰块融化了，春姑娘成了小溪的“恩人”、小河的“恩人”、小江的“恩人”……春姑娘在风筝上喝“水”，在喜鹊嘴里叫着，在麻雀嘴里叫着……

春天的“歌声”也传入我的耳中，映在我的脑子里：喜鹊、麻雀的叫声、小虫子的攀爬声，小溪的流水声、春雨的声音组成了一个大乐团，咕咕、叽叽、叮咚、 沙沙沙、沙沙沙……春姑娘是个指挥家，人们在台下听着他们的声音，都陶醉了。

春天五彩缤纷的鲜花，像织不完的锦缎那么绵延，像天边的霞光那么耀眼，像高空的彩虹那么绚烂。

我为春天歌唱，我喜欢春天这个有着无限魅力的季节！

我眼中的春天

丁苗苗

老师说，生活中并不缺少美，而是缺少发现美的眼睛。我觉得，我的眼睛，已经发现了春天的美。

春天万物复苏，小草偷偷从泥土中钻出，在小河上结的冰也早已化成水。花儿也正悄悄绽放，一个个你不让我我不让你。

春天正是农民们最忙的季节，一家人扛着锄头，拿着铁锹，牵着牛儿拿着种子向田地里走去。力大的小伙子牵着牛，牛后面跟着的是播种的人，紧接着就要把坑填上，好像一幅美丽的天然画卷。

春天百花争艳，柳暗花明，柳树抽出嫩芽，桃树上也开满了花朵，像一只只蝴蝶在树上休息。

古人道："草长莺飞二月天，拂堤杨柳醉春烟。儿童散学归来早，忙趁东风放纸鸢。"春季正是放风筝的好时机，大家拿着各种各样的风筝来到大广场。奔跑着，让自己的风筝飞得很高，尤其是在春天，不计其数的风筝飞起来，那场面别提多壮观了。

春天给冷清的世界带来了生机，它使万物从沉睡中苏醒，春天，我喜欢这个美丽的季节。

美丽的校园

赵金涛

如果有人问我，你的学校美吗？我一定很肯定地说："美！"如果你再问我哪个时间最美，那我会自信地回答："一年四季都美！"不信，你看。

冬去春来，当春姑娘走向我们的时候，我们校园的小草都探出头来，左顾右盼，校园里的树上有几只欢快的鸟在枝头叽叽喳喳，叫的好像是，啦啦啦，啦啦啦啦，我是欢快的小鸟呀，真好听！

夏天，这也是我最喜欢的季节，树木长得非常茂密，每当课间十分钟的时候，小朋友都在操场上欢声笑语地玩着。

到了秋天，树叶都变黄了，金黄的树叶纷纷地飘落下来，像一只只金色的蝴蝶在翩翩起舞，在地上铺上了金色的地毯，非常美丽，最好的一点就是许多果树上都结出了许多五颜六色的果实。

冬天来了，大树成了一位头发光秃秃的老爷爷，小鸟都飞走了，显得十分孤寂。但大雪过后的校园，一片银装素裹，也别有一番韵味。

这就是我们的校园，一年四季都非常美丽的校园。

军训的味道

郭　震

小时候，看哥哥上高中的时候，要参加军训，穿上一身迷彩服，那叫一个帅！那时我就盼望着，什么时候我也能参加军训，今年，我终于如愿以偿，在开学的第一周，我们谱写了一曲苦辣酸甜的军营之歌。

苦

第一次军训，教官便给了我们一个下马威："立正——！"教官大声要求，"抬头、收腹、挺胸，脚尖分开成六十度，双手紧贴裤缝，站军姿三十分钟！"

天啊！我只站了十分钟，腿就瑟瑟地抖，头上冒汗，身上发痒，像有蚂蚁在爬动，我受不了了，奈何军令如山，动弹不得。"吃得苦中苦，方为人上人！"我在心中默念着。

辣

炎热的上午，我们列队在操场上，随着教官的口令练队列。教官对我们说："苦不苦，想想红军二万五；累不累，想想革命老前辈。”接着，他的目光盯住了我，大声说道：“你这个女孩，老是不行，是不是太累了，到那边练去！其他同学坐下休息！”

众目睽睽之下，我愧疚地听着教官的口令，汗水沿着发烫的脸颊流下来。迎着不解和怜惜的眼光，我感到全身都在燃烧。

酸

中午，当我拖着疲惫的身体，走到饭堂门口时，便闻到一股扑鼻的香味，我顿时觉得饿极了。看到同学们吃得津津有味，我赶快走到饭桌前，却发现饭盒没有了，再看看菜盆里的鸡块一点点在减少，顿时我的气不打一处来；要是在家里，爸爸妈妈会把碗筷给准备好，还会让我吃个够。想着想着，我不禁流下了眼泪。

甜

苦尽甘来，那是让人满心愉悦的感觉。

周六下午四点时，是我最激动的时刻，我们在部队的操场上举行了盛大的检阅式。我们忍着痱子刺痒、腰酸腿痛，用自信的微笑、整齐的步伐、铿锵的声音、高昂的气势，走出了军人的气魄、军人的威严，向全校所有的老师、教官汇报。那时候，阳光是明媚的，风是轻柔的，就连流下的汗也是美妙的，每个人的心里都充满着自豪与甜蜜。

就在这短短的一周军训里，我们尝遍了酸甜苦辣多种滋味：正步走、唱军歌、紧急集合，蚊子咬、出大汗、想妈妈，新环境、新朋友、新教官、新鲜事……一切都是以前体会不到的感觉，太有意思了！

那双最美的手

我一直认为，世界上最美的手，就是爸爸的那双大手，虽然粗大，粗糙，但上面每一道纹理都是对我的爱。

那一双手

孙梦菲

不觉之中，白驹过隙，花儿落了又开，树叶长了又落，这些景象，都不曾使我动容。

可这双手，却是我在那个季节里最难忘的记忆。

初春的到来，神不知鬼不觉，春姑娘踮起她的脚尖，静静地游荡在我们身边。“这些钱，是买刷子的，可不要弄丢呀！”妈妈再三叮嘱，可我心儿早已飞向了超市。妈妈大喝一声：“知道了吗？”我软软地回答：“哦”。“快去快回……”

骑上车子，心儿都是放松的，前几天因为考试不利发生的不愉快，早已烟消云散。看路边：草儿挺直了腰杆，花儿在阳光的普照下摇曳着美丽的舞姿……

“啊——”只觉得眼前一黑，待了一会儿，才觉得身体酸酸的，脑子昏昏的，抬不起来，膝盖也在隐隐作痛。

“你这孩子，骑车不看路呀！想要讹人钱，要医药费呀！我可没有钱。”等了一会儿，那人捡起散落的土豆，推着车子，愤愤地走了。我盯着她的背影，心里莫名一阵委屈，被撞的明明是我呀，我的眼泪夺眶而出。

“小妹妹，你没事吧？”一位穿着连衣裙的大姐姐突然出现在我面前，“来”，她伸出手，我愣愣地看着她，“怎么了？”她把我扶起来，轻轻地拍去我身上的尘土，“不碍事吧”，“我……我的腿可能破皮了”，听到这里她慢慢地卷起我的裤子，仔细看看我的膝盖，在包里找了个创可贴，轻轻地在磕破的地方粘上创可贴，“来，走两步试试……”我试了试，还是觉得疼，她温柔地说：“别怕，来握住我的手。”她又小心翼翼地帮我把裤腿捋下来。“现在好了吗？”我点点头，“谢谢”，我小声说了句，她摸了摸我的头，微笑着说：“没事！你可要小心啊！”

“感恩的心，感谢有你……”

时光匆匆流逝，而那双手——在我的脑海里成为最珍贵的美好记忆。

感恩的心

王振勇

她给我们双手，让我们去改变世界。她给我们双眼，让我们看清世间的是非，她给我们双脚，让我们坚定自己的立场。最重要的是，她给予我们一个美好的心灵。她那双慈祥而又严厉的眼睛不停地打量着我们的心。她那亲近而又温馨的话语，无时无刻不在我的耳边回旋。

那是五年前的一天，天气很闷热，使人心浮气躁。而那天正是我最“倒霉”的一天。我当时正在完成老师布置的“麻烦计算题”，做完题后，不是这错就是那错，总过不了妈妈那关，这让我心情更加烦躁了。一道题大约要花费我半个小时才能算正确。心想：要我能直接算出答案多好啊！我不时地东张西望。这时，我的目光停留在计算器上。

用……还是不用……这时我不由自主地想起妈妈那双眼睛。最终，忐忑不安的我拿出计算器飞快地算起来。结果效率大大提高。这时，我又飞快地把计算器放回原处。于是，我如释重负拿着自己虚假的“胜利”结果让妈妈检查。妈妈注视了一分钟，一分半……我不由得心里紧张起来，像怀里揣了只兔子，不禁猜测：难道妈妈看出来了我的破绽？她开始问我：“你计算时验算了吗？”我回答：“用了但是我验完就把草稿撕碎了。”我不安地说了谎，想不到妈妈还是“穷追不舍”，“那把你撕碎的草稿拿过来。”我顿时惊慌起来。这时，我真像热锅上的蚂蚁——急得团团转。最终我还是如实地向妈妈交代了事情的经过。

妈妈气得把我训斥了一顿。事后，她告诫我说：“我才上三年级写数学作业不能不列算式而写出结果，你要知道三年级是基础时期，你只有打下良好的基础，才能上好四年级、五年级……最重要的是人不能说谎，做一个诚实的人，踏实的人才能有坚实的基础，有光明的前途。”

妈妈的一番话让我刻骨铭心，回想过去的一幕幕让我记忆犹新。母亲的爱犹如一潭清水，洗去我心灵的灰尘，母亲的爱犹如一缕阳光，照亮我光明的前途。母亲把整个心都放在我的身上，我有什么理由不回报她呢？我想现在正是学习的黄金时期，所以一定要好好学习，争取能以优秀的成绩来挽回母亲的笑容。正如：“感恩的心，感谢有你，伴你一生，让我有勇气做我自己，感恩的心，感谢命运，花开花落，我一定会珍惜……”

我的妈妈

李芸倩

总有一句话，拨动心弦；总有一个动作，温暖心田；总有一些人，一生永记。

——题记

母亲的一言一行如阳光洒遍我们成长的道路，似春雨滋润我们干涸的心田，像炉火温暖我们如歌的岁月。因为有了她，我才会变得越来越好。成长的路上，有你真好。

我的妈妈有一头乌黑亮丽的卷发，卷发中间是她美丽的脸庞，她的一双大眼睛如钻石般镶嵌在脸上闪闪发光。但是她慈母的心却比钻石还要珍贵。

在星期一的晚自习，老师走进教室看到有很多同学在说小话，就很生气。他让我们拿一张纸到外面默写短文。我正好没背那个短文，看着别的同学埋头默写“奋笔疾书”，我心里很是着急。终于下课了，老师让交默写的纸，我被打了四十下。我一路泪奔回家，心里很是委屈。到了家，妈妈一把把我搂在怀里：“怎么哭了，有什么事吗？”我诉说着我的委屈。妈妈一边抚摸着我的头，一边安慰着我说：“这并不丢人，你这次没有背，下次把它背得滚瓜烂熟，证明自已可以做到。”我感觉妈妈说得很有道理在妈妈的怀里渐渐停止了哭泣。妈妈不止在我的学习上给我鼓励，在生活上也一样关心我。

放了寒假，我一到家，就看见妈妈在屋里做棉袄，我说：“妈，你在干什么？”妈妈说：“天儿凉了，街上的棉袄都不暖和，我给你做件新棉袄。”我看着妈妈做衣服的认真劲儿想着我的学习成绩如此差，心里像打翻了五味瓶似的跑回房间……

妈妈，我真的喜欢和你在一起。和你在一起，我的世界阳光相伴。成长路上，有你真好。

那双最美的手

年志强

我一直认为，世界上最美的手，就是爸爸的那双大手，虽然粗大，粗糙，但上面每一道纹理都是对我的爱。

有一次，我和爸爸在大街上散步。突然，我不小心被一颗石头绊倒了，打了一个趔趄趴在了地上，腿裂开了一个口子。我大声地哭了起来，爸爸把我拉起来，赶紧把我背到了背上，向医院跑去。在路上，爸爸强壮的身体也疲倦了，浑身冒出了许多的汗。不一会儿，爸爸的手因为背我背了很长的时间也酸了，力气也变小了，跑的也慢了。这时爸爸想到了我，不知哪来的劲儿，又使劲把我往背上推，咬牙坚持着终于到了医院。在医生给我消毒时，我看见在一旁站着的爸爸，捂着疲惫的手，气喘吁吁地靠在墙边，我默默地流下了眼泪。

爸爸的手，包含着对我的爱!

运动会上，我在赛跑中不小心滑了一下，重重地摔在了地上。爸爸赶紧跑过来用粗大的手把我拉了起来，对我说：“孩子，不要灰心，继续跑，爸爸相信你！”说着推了我一把，我不知哪来的力气，飞快地跑去，别的运动员要冲向终点时，我努力一搏，超过了他们，我第一个冲到了终点。真是不可思议，是爸爸的鼓励帮助我拿到了第一名。

爸爸的手，给了我勇气!

语文考试，在试卷发下来时，本来信心满满的我惊呆了。“88分”，一个血红色惨不忍睹的数字出现在眼前，这是我考得最差的一次。我走在回家的路上，心里烦闷极了。眼前不时涌现出爸爸看到试卷时愤怒的表情，让人害怕极了。回家时，爸爸看见我闷闷不乐的样子，问我：“怎么啦？有心事吗？”我把卷子给了爸爸，原以为爸爸会大发雷霆，可是，爸爸看着卷子却只是给我细细讲解。之后他又用他那粗壮的手拍在了我的肩膀上，对我说：“没事儿，下次努力，我相信你会考好的！”果然，下次我考了一百分。

爸爸的手，给了我鼓励。

爸爸的手是为我而粗糙，在我心中，那永远是世上最美的手。

不应该的迟到

何雪锋

生活和学习中，总会遇到一些难题，有些是运气不好，另一些可就是自己的缘故了。比如我最不应该的一次迟到。

头天晚上，我在家里连眼都不眨地看电视，妈妈说："都十二点了，赶快睡觉。"我却不听，直到电视节目都没有了，我才上床睡觉。感觉自己才睡了一会儿，闹钟丁零零地响了，我伸手关了闹钟继续睡觉，等我睡醒了，已经很晚了。

我连忙起来，洗了脸，吃了早点，背着书包去上学。正当我准备过马路的时候，绿灯忽然变成了红灯，我亲眼看见一辆公交车到车站了，心想：哎呀，公交车你千万别走，等我过去呀！但是公交车还是走了。

我等了好一会儿才穿过马路，到车站等了好久也不见公交车的影子，于是我决定走到学校，但当我到学校，已经开始上课了。

如果不是因为看电视熬夜，我不可能迟到，这真是我最不应该的一次迟到。

豆豆成长记

于莹莹

一直以来，豆豆都很顽皮，做事从来都是由着性子来，什么后果都不考虑。然而，前不久一次意外，她突然成长了。

那是一个寒冷的冬天，豆豆想从扶手上滑下来，可她的脚却被卡住了，谁都拔不出来，大冬天人们都流汗了。

后来，一位满头白发的老爷爷笑眯眯地走进来，问："小朋友，你怎么了？"豆豆哭诉着把事情的来龙去脉说清楚后，老爷爷突然严肃起来，用沉重的声音问："你知道吗？从前有一个胆大的男孩子，在家中玩火，结果引起了大火，全楼的人都失去了宝贵的东西——生命。你做这些事情前有想过后果吗？你不怕因为一时欢乐而换来悲痛吗？即使你不怕，可你的亲朋好友却会为你惋惜、伤心！"

豆豆听着听着流下了泪，向周围看了看，留下泪水的不止她一个人，其他老师同学就连校长全都毫无例外地哭了。

妈妈沉默了许久，缓缓地对老爷爷说："爷爷，我错了，我应该对您说一声抱歉，我明白，您也在为我难过，您有办法救我吗？"老爷爷叹了一口气，慢慢走了。就在这时，豆豆竟奇迹般地跳了出来！

豆豆隐约中听见了一句话："其实那个小男孩是我。"豆豆很惊讶，因为只有她一个人听见了。

从此，豆豆开始考虑后果，做事儿也不那么极端，变得温柔了！

有一个女孩儿

王海冰

有一个女孩儿，她长相不好不坏，脾气不好不坏，她有时会发发小火，但大多数时候，温柔可爱。

那个女孩儿，她有一头乌黑的长头发，可如今，她那美丽的长头发，已被剪成只到下巴的短发。那个女孩儿有一双小眼睛，不是双眼皮，她的耳朵是一对“招风耳”！嘴唇如血液一般红润，她的皮肤发黑，不大漂亮，但是很可爱。冬天了，她总是穿着一件粉色的高领毛衣，一条灰色的长裤，和一双高晶晶的休闲鞋。她是个大大咧咧的女孩儿，也是个文静优雅的女孩儿。她在玩上大大咧咧，在学习上，她总是一本正经，那个女孩儿，从不说脏话，也从不信口开河。她仗义执言，从不以大欺小，她从不乱扔垃圾，从不吵架打架，从不轻言放弃。

那么这个人是谁？你或许会问，如果你帮我保密，我可以告诉你，就是我自己。

感谢第一课

崔乐乐

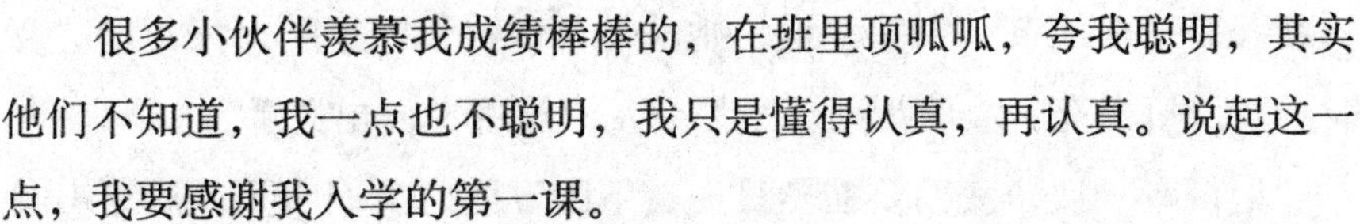

很多小伙伴羡慕我成绩棒棒的，在班里顶呱呱，夸我聪明，其实他们不知道，我一点也不聪明，我只是懂得认真，再认真。说起这一点，我要感谢我入学的第一课。

那年，我兴奋地背上新书包来到校门口。心想：太棒了！我终于能当大哥哥了。我快步跑向一年（3）班。第一节课是语文课，我们学生字，我们学了“一”“二”“三”这三个字，我立刻就会写了“四”。因为“一”是一横，“二”是两横……“四”不就是四横吗？看我厉害不！于是我压根没有听老师讲课。

第二天，老师让我上讲台默写这几个字，我跑上讲台自信地写下了这几个字：“一”“二”“三”……突然同学们都哄堂大笑，我有些不解，难道写得不对吗？老师笑着让我同桌帮我改正。她跑上讲台立刻写下了“四”，笑了一声跑下了讲台。之后，我也脸红地走下了讲台。

从此，我学会了认真二字，不骄傲，不浮躁，之后就稳坐了全班前三名的位置。

感谢你，我的朋友

刘博雅

我有一个朋友，大家都说，她就是《水浒传》里的宋江，是“及时雨”。每当有人需要帮助，她都会及时出现，伸出援手。

记得有一次，我们要在烈日炎炎下跑五圈。我们听到以后连声叫苦，但是没办法，我们只有跑了。一圈……两圈……三圈……到第四圈的时候，我们快坚持不下来了，但我心里想：不要放弃，要坚持。突然，我不小心被石子给绊了一跤。我的朋友看见了，过来把我扶起来，我们便一块走。终于五圈跑完了，我向她投去了感激的目光，我以后应该要报答她。

“叮”——“叮”，下课铃响了，我立刻跑上去说：“真谢谢你。”她说：“没关系，同学之间就要互相帮助，团结友爱，难道不是吗？”我想如果世界上，这样的人有许多就好了。我真的希望我也是这样的人，关爱同学，同学有困难就跑过去帮助他。

从这里可以让我明白：同学之间要互相帮助，团结友爱，交许许多多的好朋友，感谢你，我的朋友，是你让我明白这些。

雨中寻人记

刘梓涵

我喜欢雨，因为我喜欢我的好朋友倩倩，而她每年过生日的时候，总会下雨，今年也不例外。

我在家里精心准备好生日礼物，准备一会儿去倩倩家。刚才妈妈说她要跟阿英的妈妈去买衣服，让我一个人待在家里，我开心极了。妈妈走了，生日还要再等一会儿。听着窗外滴滴答答的雨声，我和小狗奇奇在家里都待不住了，我们决定到外边走走。出门时，我还给奇奇穿了一件浅蓝色的雨衣。

来到草坪上看，看见一个叔叔没有撑伞，冒雨跑了过去，一个黑色的东西掉在草坪上。我连忙捡起来，原来是钱包。正准备还给叔叔，一抬头叔叔就不见了，他是飞走了吗？我和奇奇都着急起来。还是奇奇聪明，它嗅了嗅钱包，然后竟然引着我去追那个叔叔。跑了好一会儿，我正好看见那个叔叔低头在路边，终于找到了。我把钱包还给他，叔叔收到钱包后说："你真是个乐于助人的好孩子！"我开心极了，说："还有奇奇！"叔叔擦了擦我额头上的雨水说："对，你和奇奇都是好样的。"

我高高兴兴地来到倩倩家，把这件事给她从头到尾讲了一遍，倩倩听了之后很羡慕我，我心里可高兴了。倩倩说让我吃一块大蛋糕，我心里美滋滋的。

不是我喜欢下雨，是因为我喜欢雨水，它闪闪发亮，滴答、滴答，动听极了。这雨滴，就像宝石，更像人的心灵。

珍贵的摩易擦

晋金宝

我有一个小储物柜，里面是我多年的珍藏，变形金刚、奥特曼应有尽有，但要说最珍贵的，还是最不起眼的摩易擦。那是我和朋友友谊的见证。

那是在一次大家都非常重视的考试前，我一次又一次检查了我的文具袋，橡皮在他安静的小卧室里舒适地躺着，钢笔像一个坚强的士兵一样横立着……咦？我左找找，右找找，就是找不见我的摩易擦。

我心想找同学借，不行，我们班的人太小气了，就算一个人有多余的十支摩易擦，宁可扔了也不愿意借给我；去旁边的小卖铺买，不行，只剩下两分钟了。

就在这个让我心急如焚的时刻，我的好友张伯铭看出了我着急的心情，便过来问：“朋友，你怎么啦？”我说：“我的摩易擦没带，在家里。考试用的全是它，该怎么办，完了，完蛋了！”小张说：“没关系，我把我的给你。”说着，他拿出了自己最好的摩易擦给了我，我当时呆呆地站在那里不知道该说什么好，小张看着我还呆呆地站在那儿，说：“快拿着，马上考试了，我还有很多。”

就在这时，考试开始了，我专心的答题。很长时间以后，我依然保留着这支摩易擦，也一直忘不了这次小张的雪中送炭。

帽子里的友谊

位　森

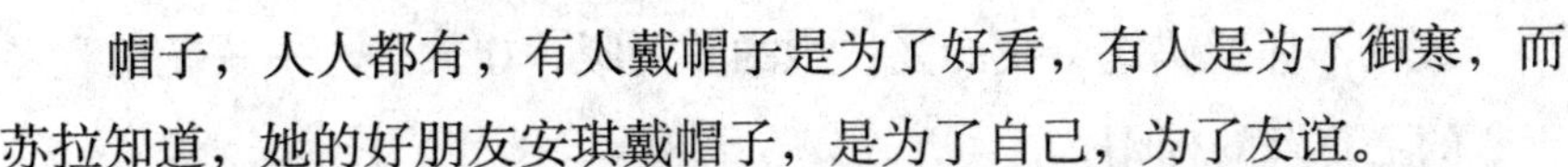

帽子，人人都有，有人戴帽子是为了好看，有人是为了御寒，而苏拉知道，她的好朋友安琪戴帽子，是为了自己，为了友谊。

苏拉因为一次意外，在路上摔了一跤，头上冒出一个红红的大包。当苏拉第一天来学校上课时，就戴了个帽子，因为苏拉害怕被同学嘲笑。可是苏拉觉得，全班只有他一个人戴帽子，心里还是感到很奇怪。这时，老师安排安琪和苏拉做同桌，安琪好像知道了苏拉的秘密，陪他做游戏，苏拉和安琪成了好朋友。

第二天上学，安琪也戴了一顶帽子，苏拉觉得不是只有他一个戴着帽子了，不再感觉奇怪，由此开朗起来。在一次考试中，苏拉的直尺丢了，安琪看见了，把一把新尺子“啪”的弄断了，把另一半递给自己，苏拉很感谢安琪。

第三天，安琪依旧戴着一顶帽子来了。苏拉悄悄凑到安琪耳边，说出了帽子的秘密。安琪回答：“我早就知道了，我会陪你一起戴着帽子，直到你的头好了。”苏拉抱住安琪，说：“谢谢你！”苏拉帽子里的秘密他再也不在乎了，他变得自信起来。他和安琪的这份友情也随着时间的流逝变得更加牢固。

于是，苏拉毫不犹豫地说出了自己的秘密。她们的关系从此更加亲密了。

一顶棉帽的爱

高钟岩

我从不怀疑妈妈给我的爱，她的爱温暖，让人舒心——就像我冬天戴的毛茸茸的棉帽。

在一个阳光明媚的早上，我和我的妈妈去商店买帽子。我们选来选去，最后选了一个毛茸茸的帽子，我非常喜欢它，也天天戴着它，因为帽子中包含着母亲对我的爱。

在一个寒冷的冬天，在放学回家时，外面下起鹅毛般的大雪，我的妈妈正好来接我放学，只见她手里拿着伞和那富有母爱的帽子。妈妈一看见我就像箭一样跑了过来，给我戴上帽子。并对我说："赶快戴上，别冻着了。"回到家后，帽子上的积雪早已成山。

在我妈妈过生日的时候，我把我的零花钱都送给了她，我那慈祥的妈妈看到了。感动得要哭了。她又把我见了多次的帽子给我戴上，并说："你长大了。"我心里也非常开心。

有一天我在家里，外面寒风呼啸，忽然间鹅毛般的大雪便从天上飘落下来。看见外面这幅景象，我突然想起了妈妈还在回家的路上，于是我拿着小帽子飞奔过去，跑到妈妈面前，给瑟瑟发抖的妈妈戴上帽子，并对她说："别冻着了。"我和妈妈都笑了。

这顶帽子给我带来了不少的温暖，我非常喜欢它，我也非常感谢我的妈妈，因为，这个好看的帽子里面富含着她对我的爱。

一顶棉帽，寄托了妈妈对我的爱，同时也包含了我对妈妈的爱。

我的淘气弟弟

闫迈臣

我有一个弟弟，他是我最熟悉的人，也是顶淘气的一个“小家伙”。

他留着一个瓶盖头，一双晶莹剔透的黑宝石似的大眼睛非常有神。平时穿着朴素，喜欢与人交流，性格开朗，特别可爱。但是我的弟弟还有一点点小淘气。要说他淘气，还得从这件事说起。

一天，我正在津津有味地看着动画片，弟弟趁我没留意把遥控器“盗走”了。我准备换台，却发现遥控器不见了，找遍了家里也没有找到。我和弟弟说：“你看见遥控器了吗？”弟弟说：“没有看见。”“唉，找不到就算了。”我失望地说道。这时我也没心思看电视了。这时，弟弟跑到我面前，突然“变”出个遥控器，瞪着他那明亮的大眼睛说：“哥哥，你看，遥控器呀！”原来是他拿走了呀，真是调皮。

每次我买玩具时，他都会像我的小尾巴一样跟在我的身后，眼里闪着兴奋的光芒。我就故意逗他：“想不想玩？”“想。”弟弟说。我说：“不给。”弟弟听后就假装哇哇大哭，我笑着对他说：“逗你呢，去玩吧。”他高兴地拿着玩具跑回了家。

大家说我的弟弟可爱吗？希望我的淘气弟弟快快长大。

我的偶像哥哥

屈肖文

我从小崇拜我的哥哥，他是我的好朋友，也是偶像。在我眼中，他近乎无所不能。

他有一头乌黑的短发，黝黑的脸上有着一双绿豆般的小眼睛，永远注视着前方，像是在迫切地寻找某种东西。他从来都不苟言笑，使人觉得他冷冰冰的。

凡事他总想试试，勇敢简直成了他的代名词。就比如说犯了错误的时候，很多人都不敢去给老师道歉，而他总会第一个冲出去。

当然他也不是万能的，他的成绩并不太好，但是如果遇到了难题他总会认真考虑，并且对此多下功夫。这让我对他更加崇拜！他是我人生的导师，这绝不是空谈，而是有实事的。有一次考试我考得非常差，整个人很消沉。哥哥对我说：“一次的成绩算不了什么，继续努力就好，但如果下次你再这样的话，我就不会再同情了。”平时我犯了错，他也会指引我劝导我。

这就是我的偶像哥哥。在我成长的道路上他是我的好朋友，更是我的人生导师。

我最爱的人

王晴晴

老师说，父爱如山，母爱如水。我还是更爱母亲，因为母亲对我的爱，如水一般，无处不在。

她是我们家的家庭主妇，她时刻刻关心着我的学习，岁月已经在她的脸上留下了痕迹，眉毛下镶嵌着一双浓眉大眼，高高的鼻子，一张能说会道的嘴巴。总爱穿这几件朴素的衣服。她生气时很严厉，高兴时，活跃得像一只小鸟。她总是吃不好睡不香牵挂着我的成长，她就是我的妈妈，我最亲爱的妈妈，我最熟悉的人。

那一次，妈妈笑了。快期中考试了，妈妈对我特别严格，只要在家里不时地就可以听到："晴晴，快去抄词语，快去写算数。"要不就是"快来，妈妈考你生字，妈妈给你出几道难题。"折腾得我都没有了休息的时间。但是考试那天，考试的题目对我来说太简单了。考试结果出来后，我居然得了班级第五名，我拿回家给妈妈看，妈妈开心地笑了。妈妈，之所以取得好成绩还得谢谢您的指导，妈妈，我爱您！

这便是我最爱的人——妈妈！

我最爱的紫云山

姚　帅

我的家乡有座山，叫紫云山，光听名字，就充满美好和诗意。

紫云山上有各色鲜艳的花，还有青的草，绿的叶，粗壮的树木。柳树在春天会吐出千万条带有嫩芽的柳丝，就好像千万条丝带一样。

山顶上的风景更是光彩夺目。各种各样的花争奇斗艳，芬芳迷人。一棵棵大树像战士一样笔直地挺立着，小草探出头来向春姑娘问好，向小朋友们伸手。

更好玩儿的是：山上有一条可以直接滑到山下的索道，在索道上，可以一边玩一边看风景，有趣极了。

山下还有一片湖水，平静的时候像一面镜子。但有时候会有鸭子、鹅飞在湖面上，打破它以往的平静。划着小船到湖中央，可以看到湖里有许多小鸭子欢快地游来游去。

紫云山没有紫色的云，但有绚丽缤纷的花朵，还有无边的风光美景。

草原风光

郭艳芳

第一次到内蒙古大草原，我就被深深地吸引住了。

我看见大片的羊群，马群，还有绿色的小丘。在那里，空气清新，天空晴朗，牛羊在悠闲地吃着草，有时候它们也站在小丘上，望着正前方，好像在回味着草原上的无限乐趣。

草原上隐约的听见了鞭子的声音，原来是牧羊人，他在驱赶着小绵羊。在无边无际的草原上吃草哩！也可以看见有些牧羊人躺在一座座高高的小丘上双手展开，看起来像在晒太阳，其实是在看美丽的风景。

远远地可以看见一条迂回的明如玻璃的带子，那就是河。牛群羊群马群越来越多了，它们都在河边喝水。

向前走几里就可以看见蒙古包，在蒙古包里面有许多美食，奶茶，奶豆腐，手抓羊肉都是蒙古人的最爱。

内蒙古的大草原真是美丽呀！

难忘故乡的山

丁赛飞

虽然我没有攀登过红叶似火的香山，也没有游赏过雄伟壮观的泰山，更没有攀登过高耸挺立的嵩山，但我依然坚信，哪怕看遍世间的山，让我难忘的，还是故乡的山。

我的家乡四面环山，这里有著名的宝塔山、凤凰山、万花山、清凉山等等。家乡的山有三个特点，家乡的山真奇，奇峰罗列、各不相连，像老人，像巨象，像骆驼；家乡的山真秀，山花遍野，绿草丛生，像翠绿屏障，像新生的竹笋；家乡的山真险，仰头望去，恍若山峰马上就要栽倒似的。

这就是家乡的山，也是我日思夜想、百看不厌的山。我爱我的家乡，更爱家乡的这些山。

药王山游记

刘玉茹

盼望着，盼望着，假期来了，我终于可以登上期盼已久的药王山了。

开始上山时抬头仰视着山顶，看到的是一片养眼的翠绿。伴随着习习凉风，山中的昆虫有时候静立不动，好像在回味着山中的无限乐趣，眼前的景象让我越来越想往上爬，去感受山中内部的风景。

进入了山中，眼前的景象便可以清晰地展现在我面前，各种各样的植物看得我眼花缭乱，树叶上站着清晨的第一滴露珠，晶莹剔透，像一颗透明的宝石。风一吹，露珠就顺着的“滑梯”溜下去，溜到叶尖时，它依依不舍地回头望了一眼树叶才溜下去，滋养土地。山中的昆虫在鸣叫，好像在为山中的美景伴奏，增添了一道风景。

来到了山顶，放眼望去，整座山就像只有绿色渲染不用墨线勾勒的中国画那样，到处翠色欲滴，轻轻流入云际。到了山顶便觉得整座山都很宏伟壮观，给人一种舒服的感觉，想让时间停留在这一刻享受独一无二的风景。

药王山是一道秀丽的风景线，怎么看都看不够，着实让人赏心悦目。

最亲切的陌生人

刘林宵

有一个人，他每天出现在我们的生活里，我们对他是既陌生又亲切，是让我感到亲切的陌生人——他就是人民交警。

他长着浓眉大眼，黑黑的皮肤，挺拔的鼻子就像长长的滑梯，小小的嘴巴能让人开怀大笑，耳朵就更灵了。身材一般，总穿着工作服，站在那儿，很自豪。总是穿着皮鞋，总是露出和蔼可亲的表情，喜欢戴着手套。

有一年冬天，我要上学，过三条马路。我看着来来往往的车辆，心里顿时感觉自己过不去了，那可该怎么办呢？这时，旁边有一个人，把手搭在我的肩膀上，我转过身来，原来是人民交警，我心想：他怎么来了？交警说："这儿很危险！我带你过马路吧！"说着，便带着我过了马路，才说："好了！你可以安心地走了！"我感觉一股暖流从我身上流过。

通过这件事，我终于知道我最亲切的人是谁！无论春夏秋冬都在马路中间指挥交通，交警给了我们文明秩序，所以我们应该感谢他！

人民交警，我最亲切的陌生人。

那个让我想念的人

张亮亮

在和刘爷爷接触之前，我一直觉得他是清洁工，每天大清早，拖着扫把清理树叶，沙沙的扫地声伴着我出门。后来才知道，他只是热心肠，乐于助人。

又一个星期六，我打算去玩了。下楼梯的时候，我又看见了那位老爷爷了，他满头银发，眼睛炯炯有神，又扁又平的鼻子，牙齿参差不齐，面如土色，生起气来眉毛像个“八”，愁眉苦脸起来，额头上就有个“三”字。我跑了下来，跟朋友出去玩，王小楠在楼下等着我，她在滑滑板，一不小心，就摔倒了。这时，那位老爷爷在紧急时刻把我的朋友接住了。我目瞪口呆，等我反应过来，连忙谢谢爷爷。

过了不久，我在吃饭，爸爸问我：“你还记得哪位老爷爷吗？”我：“记得啊！”“他搬家了”，“啊！不会吧！”

我还想念他，他会不会再也不回来了？

忘不了妈妈的手

李 萌

从小到大，最难忘妈妈的一双手。这双手拉扯我长大，给我温暖，鼓励我不怕跌倒，不怕困难。

还记得小时候学校说要家长一起参加跑步比赛。到了比赛的时刻，我又紧张又害怕，心想：如果半路摔了一跤怎么办，如果其他同学恶作剧怎么办？妈妈好像看懂了我的心思，她用那双温暖的手抚摸着我的头说：“没关系，重在参与。”

小时候妈妈教我走路，可我怎么都学不会，还摔得头破血流，我心想：妈妈会不会打我骂我呀？想到这儿我紧张的衣服都湿了，谁知她用她那只温暖的手抚摸着我并说：“没关系，坚持就是胜利。”在妈妈的帮助下我学会了走路。

妈妈那次教我骑自行车，可我过了好久还是不会，心想：妈妈会不会责怪我呀？可谁知她不仅没有责怪我，还用温暖的手拍拍我的肩膀对我说：“没关系，再来一次。”在妈妈的帮助下我学会了骑自行车。

我永远也忘不了母亲那双温暖和鼓励我前行的双手。